未来学校丛书

在游戏中成长

思维发展与创新活动

陈 平 主编

中国人民大学出版社
·北京·

编委会名单

顾　问　方　杰
主　编　陈　平
副主编　邹春林　孙　琳　廖卫华
编　委（排名不分先后）
　　　　陈艳祥　张　猛　石　磊　程来魁　史　丽　王旭光　祝　翠
　　　　余　君　李　锂　邹　伟　占　威　段小霞　郑宇钧　李旭峰
　　　　陶　颖　程　琳　赵　佳　冯慧玲　李小龙　王妍妍　舒建斌
　　　　吴营军　廖映霞　谢秀珍　胡亚红　龙之秀　汪　婷　钱凤平
　　　　赵　佳　刘丽琴　黄　娅　程昊林　戴　婷　唐　雪　裴杜宇
　　　　宋卫东　刘美齐　徐　雯　何　泉
摄　影　江　净

课间游戏不仅是让孩子们得到放松和休息，更是一种自然高效的学习方式。

前　言

儿童游戏中常寓有深刻的思想。

——席勒

2006年，教育部、国家体育总局、共青团中央联合发出通知，提出开展阳光体育运动，要求学生每天锻炼一小时，并明确要求各学校开展大课间活动，大课间由此开始推广。各级政府、教育部门都非常重视体育大课间活动，把体育大课间活动编入课程，作为一门课程来抓，体育大课间活动得到极大的重视与发展，全国各地涌现出许多精彩的大课间活动典型。

2021年6月1日，教育部发布《未成年人学校保护规定》，其中第13条明确要求："学校应当按规定科学合理安排学生在校作息时间，保证学生有休息、参加文娱活动和体育锻炼的机会和时间……"

今天，我们将目光聚焦到"小课间"，也就是课间十分钟。

十分钟，短暂而又重要。这十分钟是帮助孩子释放压力、调整身体状态、缓解上课疲劳的重要时间段。利用好这十分钟，在课间放松身心，孩子们就能走出上一堂课的紧张，进入一个相对松弛的状态，从而提高下一堂课的听课质量和学习效率。

好动是小学生的天性。但学校的活动场地狭小，学生人数多，孩子们课间只能在教室里、阳台上、楼道里奔跑、追逐。这固然能够帮助他们释放压力、消除疲劳、放松心情，但这种无法进行有效监管的嬉戏打闹，必然存在着巨大的安全隐患。因此，我们希望找到一个平衡点，既不限制孩子们活泼好动的天性，又要以保障安全为基本要求，还要能让孩子们玩得开心、快乐。

空间有限，还要做到"快乐游戏大家玩"，这就需要组织，而组织学生开展游戏的前提是设计。于是，乘着筹备黄冈市实验小学建校120周年的东风，学校开展了"快乐游戏大家创"活动，老师与学生一起开动脑筋来开发课间十分钟游戏活动资源。广大学生积极参与游戏设计，其创新意识、创新精神、创新思维和创造能力得到了充分发挥和展现。教师在暑期封闭集训期间，对收集上来的游戏素材进行了整理、优化、加工，形成了语言文字类、数学思维类、学科融合类等三大类100多种游戏活动设计。这些课间游戏的设计主要遵循了以下三个原则：

(1) 安全性原则。这是游戏设计的首要原则，游戏不能有危险性，学生不能因玩游戏而受伤。

(2) 趣味性原则。苏霍姆林斯基说，不能把小孩子的精神世界变成单纯学习知识。我们设计的三大类游戏，虽有各种知识、技能的渗透，但不是课堂的延伸，而是真实的"游戏活动"，具有较强的趣味性。这样的游戏才能受到孩子们的青睐，才会让学生有兴趣玩、喜欢玩。

(3) 科学性原则。课间只有十分钟，设计的游戏必须简单明了、易于操作且无须较复杂的设施支撑。

这100多种游戏活动设计，有的源自对传统游戏宝库的挖掘，有的借鉴了优秀的校园游戏设计，有的是黄冈市实验小学师生原创的新的课间游戏形式。苏霍姆林斯基还说过："儿童的时间应当安排满种种吸引人的活动，做到既能发展他的思维，丰富他的知识和能力，同时又不损害童年时代的兴趣。"我们有形式多样的课间游戏可供选择，期待着这些游戏活动的落地、推广。井然有序地开展课间游戏活动，我们的校园将充满欢声笑语，呈现一片生机勃勃的景象。

谨以此书献给双甲子华诞的黄冈市实验小学，献给一线教师，更献给广大少年儿童！

目 录

语言文字类

畅游二十四节气	3
手指操＋数字词语积累	5
小小传声筒	7
芝麻开门游戏	8
汉字啄木鸟	9
趣味识字	11
贪吃蛇对对碰	13
我说你做拼拼乐	14
拼音闯关游戏	15
汉字找碴	16
词语五子棋	18
巴士识字乐园	19
词语蛇形棋	20
汉字骰子	22
小猴捞月	25
翻翻棋	25
背后传字	27
"趣"玩汉字	29
猜硬币	31
我爱接故事	32

识字写字乐趣多	34
拼音王国大闯关	35
快乐竹节人	39
趣味汉字飞行棋	41
十二生肖大转盘	43
趣味知识大串烧	45
套圈识字游戏	46
大风吹	48
描述职业小游戏	48
识字游戏大闯关	50
我的耳朵最灵敏	52
"石头剪刀布"游戏之升级版	54
编花篮	55
听写消消乐	56
奇趣无限，玩转语文"桌游"	57
我是大侦探	60
字典翻画乐	61
汉字 yes or no	62
语文课间游戏	64
词语炸弹	65
古诗"炸弹"	66
蔬菜水果大冒险	67
正话反说	68
快乐桌游	69
一穿而过	71
有黏性的胳膊	72
天气预报	73
头脑风暴	74
心有灵犀——成语趣味闯关	76

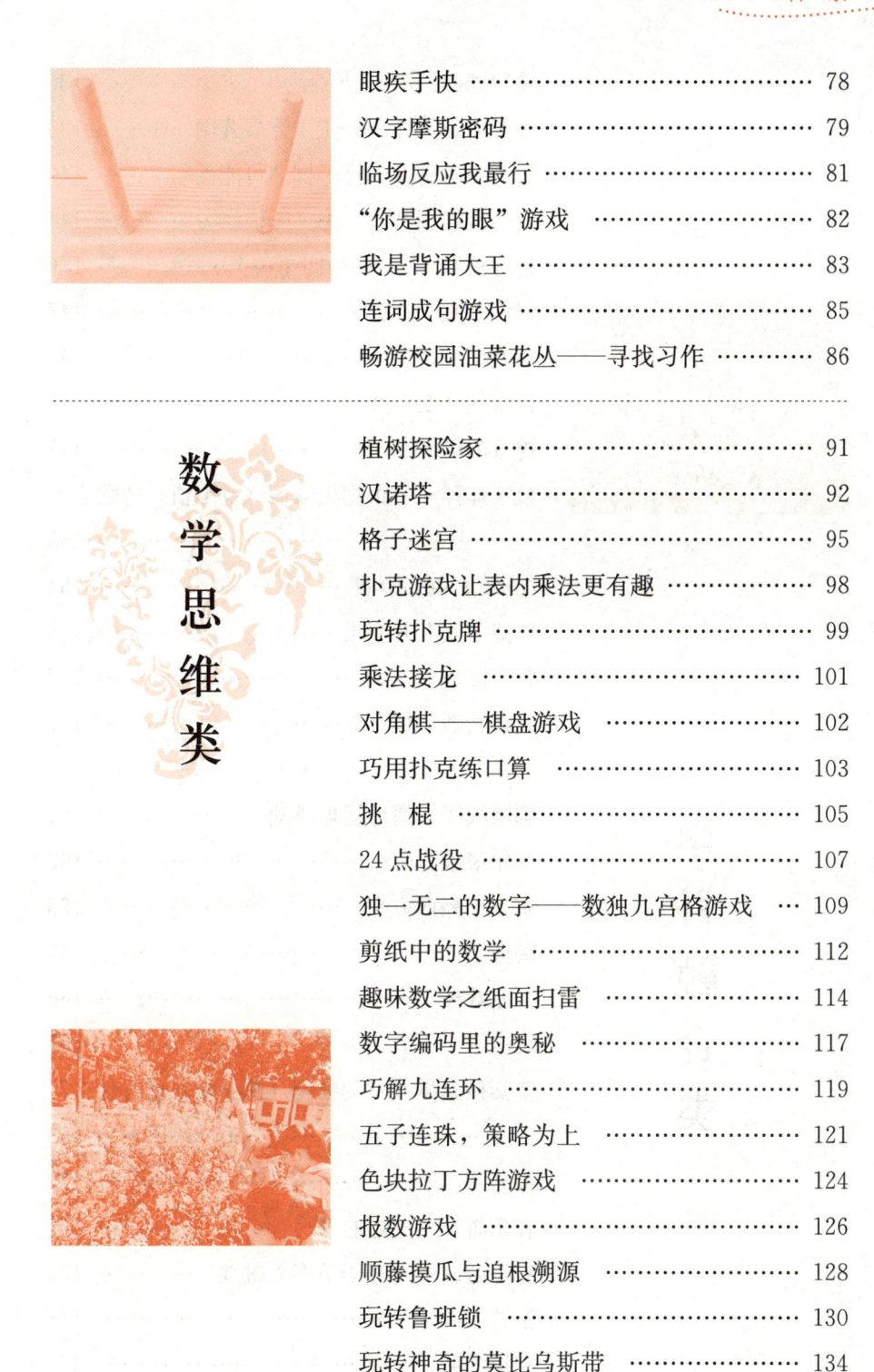

目 录

眼疾手快 …………………… 78
汉字摩斯密码 ……………… 79
临场反应我最行 …………… 81
"你是我的眼"游戏 ………… 82
我是背诵大王 ……………… 83
连词成句游戏 ……………… 85
畅游校园油菜花丛——寻找习作 … 86

数学思维类

植树探险家 ………………… 91
汉诺塔 ……………………… 92
格子迷宫 …………………… 95
扑克游戏让表内乘法更有趣 … 98
玩转扑克牌 ………………… 99
乘法接龙 …………………… 101
对角棋——棋盘游戏 ……… 102
巧用扑克练口算 …………… 103
挑 棍 ……………………… 105
24点战役 …………………… 107
独一无二的数字——数独九宫格游戏 … 109
剪纸中的数学 ……………… 112
趣味数学之纸面扫雷 ……… 114
数字编码里的奥秘 ………… 117
巧解九连环 ………………… 119
五子连珠,策略为上 ……… 121
色块拉丁方阵游戏 ………… 124
报数游戏 …………………… 126
顺藤摸瓜与追根溯源 ……… 128
玩转鲁班锁 ………………… 130
玩转神奇的莫比乌斯带 …… 134

3

殊途同归——24点游戏 …………… 136
多变的正方体——正方体展开图 …… 138
骰子对对碰——掷一掷"可能性" …… 140
七巧板拼图游戏 ………………… 144
猜神秘数 ………………………… 146
封锁游戏 ………………………… 147
谁的反应快 ……………………… 149
神奇的"变"数 …………………… 150
神奇的纸洞 ……………………… 151
数字炸弹——根据极限值（范围值）猜数字
……………………………………… 152
"五颜六色"游戏 ………………… 154
猜猜"我"几岁啦 ………………… 155
数字滚雪球 ……………………… 157
我是猜数小能手 ………………… 157

学科融合类

刺激战场（篮球运球游戏） …… 161
车轮滚滚 ………………………… 162
东方不亮西方亮 ………………… 163
踢毽子 …………………………… 164
二龙戏珠 ………………………… 166
跳房子 …………………………… 167
节奏接龙游戏"动物园（海洋馆）里有什么"
……………………………………… 168
唱名蹲 …………………………… 170
音乐游戏——左右开弓 ………… 171
音乐游戏——杯子节奏大挑战 … 172
指纹添画 ………………………… 173
图形添画 ………………………… 175

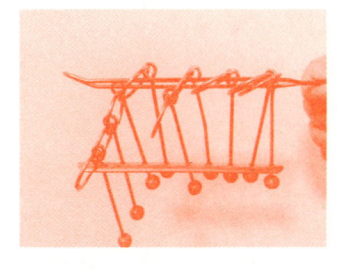

目录

线的联想	176
小小音乐邮递员	177
丢沙包	178
毛毛虫竞赛	179
井字棋	180
彩笔搭高塔	180
粉笔接力画长卷	181
课间体育游戏——趣味开火车	182
书法课间游戏	184
真人贪吃蛇	186
红灯停，绿灯行	187
捞小鱼	188
英语课间游戏："数"我最能	188
单词"来"接龙照镜子	189
字母大通关	191
英语卡片推推乐	193
灵动的色彩	194
"扔骰子读单词"游戏	195
英语闯迷宫	196
单词跳房子	198
校园定向寻宝	198
踩影子游戏	202
寻找保护色	203
激光打靶	204
课间游戏　精彩十分	205
科技游戏一组	207
键盘拼拼乐	210
传播信息小游戏	211
你画我猜	213

电脑机箱大探秘 …………………………… 213

气象预报 …………………………………… 214

翻花绳 ……………………………………… 215

肺活量大比拼 ……………………………… 217

渔网捕鱼 …………………………………… 218

打弹珠游戏 ………………………………… 219

语言文字类

畅游二十四节气

陈 平

游戏背景： 二十四节气是中华民族自古就有的一套时间体系，是中华优秀传统文化资源，对先民的生产和生活发挥了重要的作用，体现了中国人尊重自然的情感与精神。在国际气象界，二十四节气被誉为"中国的第五大发明"。2016年11月30日，二十四节气被正式列入联合国教科文组织人类非物质文化遗产代表作名录。

游戏益处： 将节气知识融入游戏活动中，挖掘与二十四节气息息相关的诗词文化、生活文化等内容，寓教于乐。

游戏对象： 中低年级学生。

游戏准备： 二十四节气卡片一套。

游戏步骤：

1. 游戏一：排排坐（分组里的节气）。

24名同学随机抽取二十四节气卡片一张，根据自己抓取的卡片，按照主持人多轮指令迅速排队就座，正确的进入下一轮。

主持人指令示例：

①每个季节第N个节气出列排队。例如：每个季节第1个节气（立春、立夏、立秋、立冬）。

②每个月第N个节气出列排队。例如：每个月第2个节气（雨水、春分、谷雨、小满、夏至、大暑、处暑、秋分、霜降、小雪、冬至、大寒）。

③按照时间顺序排队。可以是正向，也可以是反向。

2. 游戏二：老鹰抓小鸡（诗词里的节气）。

选派一人做"老鹰"，排头做"母鸡"，其余做"小鸡"。游戏开始，"老鹰"追拍排尾的"小鸡"，

> 处暑无三日，新凉直万金。

"母鸡"张开双臂保护"小鸡","小鸡"灵巧躲闪。被"老鹰"抓住的"小鸡",要背诵一句与节气有关的诗词,背诵正确的"小鸡"与"老鹰"交换身份和位置,否则即淘汰出局。

3. 游戏三:找朋友(美食里的节气)。

偶数人数参与者依次说出自己喜欢吃的美食,其他同学迅速判断该美食通常出现在什么节气,最先抢答正确者与提出美食者互为朋友,若无人回答正确,更换美食后继续抢答,直至所有同学匹配到朋友。

立春——春饼

立春是阳历的第一个节气,一般在2月3日至5日,标志着春天的开始。立春的菜肴以春饼为代表,它是一种薄饼,里面包裹着各种蔬菜和肉类,营养丰富,口感鲜美。

惊蛰——春笋炒蘑菇

惊蛰是阳历的第三个节气,一般在3月5日或6日,标志着春天的真正到来。惊蛰的菜肴以春笋炒蘑菇为代表,它是一道清爽可口的素菜,富含蛋白质和维生素C,具有很好的营养价值。

4. 游戏四:群众大舞台(表演里的节气)。

参与者围成一圈,依次到圈中表演,表演者可以用故事、话剧、戏曲、舞蹈、歌曲等表现出与二十四节气有关的情景,其他同学进行抢答,第一个答对者获胜加分,一轮结束后,得分高者获胜。

手指操+数字词语积累

邹春林

游戏背景：这个游戏把手指操（伸手）和 5 以内数字开头的词语积累进行融合，旨在让小学生在轻松愉快的氛围中调动各种感官，在使手部肌肉得到锻炼的同时积累词语，开发智力。

游戏益处：此游戏能减轻精神负担、缓解紧张情绪，使参与者在轻松愉悦的氛围中自然入境，平衡左右脑，提高大脑思维速度和综合能力。

游戏对象：1~6 年级学生，两人或多人均可一起玩，不受时间和空间限制。

游戏准备：

1. 左右手指交替做"五一"至"五五"伸出手指的熟练练习。具体做法是左手重复出 5 指 5 次，右手对应从 1 出到 5，如此右手重复出 5 指 5 次，左手对应从 1 出到 5，此为一轮。

2. 汉语数字"一"至"五"开头的四字词语每个至少 5 个。

游戏步骤：

1. 玩伴共同完成一组手指游戏后，以石头剪刀布的形式确定谁先说"一"字开头的四字词语。

2. 游戏开始：闯关活动。

第一关：游学四方。玩伴同时出手指齐说"游学四方"，一人说一个以"一"字开头的四字词语，如此反复，说得越多越好。

第二关：青年才俊。在玩伴商议出数字"一"开头的词语一轮或 N 轮后可进入第二关的游戏。

第三关：为师有道。方法同上。

第四关：仁者无敌。方法同上。

第五关：圣心如水。方法同上。

奖励措施： 为奖励胜出的同学，每一关胜出的玩伴在下一轮游戏中出示的动作可自由变化，"出拳""伸腿"均可。

补充资料：

词语库

一元复始	一心一意	一丝不苟	一马当先	一视同仁
一气呵成	一枝独秀	一应俱全	一目十行	一日三省
一模一样	一技之长	一脉相承	一言九鼎	一箭之遥
一步到位	一目了然	一语破的	一家之言	一见如故
一马平川	一鸣惊人	一席之地	一泻千里	一尘不染
一身是胆	一表人才	一石二鸟	一日三秋	一箭双雕
一网打尽	一统天下	一举两得	一针见血	一蹴而就
一清二楚	一诺千金	一针一线	一穷二白	
二话不说	二道贩子	二龙戏珠	二心两意	二竖为虐
二三其意	二三其德	二龙戏珠	二分明月	二惠竞爽
二人同心	二龙腾飞	二三君子	二次三番	
三位一体	三足鼎立	三长两短	三生有幸	三头六臂
三言两语	三番五次	三心二意	三三两两	三五成群
三思而行	三顾茅庐	三阳开泰	三朝元老	三寸之舌
三叠阳关				
四海为家	四平八稳	四面八方	四方之志	四分五裂
四分五落	四分五剖	四海承风	四海鼎沸	四海升平
四面楚歌	四面受敌	四时八节	四时之气	四大皆空
五光十色	五子登科	五彩缤纷	五颜六色	五味俱全
五角六张	五心六意	五行八作	五雀六燕	五谷不分
五短身材	五花八门	五体投地	五步成诗	五洲四海
五脏六腑				

小小传声筒

孙 琳

游戏介绍： 这个游戏和列队比赛相似，侧重培养学生的倾听能力。游戏非常简单，很受低年级学生喜欢。游戏过程是，一个人先听字、词语或是一句话，之后把听到的内容小声地告诉另一个人，另一个人再往下传，直到最后。可以想象，传到最后，原来的字、词语、句子可能就面目全非了。不论结果如何，孩子们都会很高兴。

游戏准备：

1. 生字、词语或者句子的卡片若干。

2. 将学生分成两组。

游戏规则： 游戏可以设置成闯关形式，由易到难。

游戏第一关：可以多选几组学生参与。教师可以选择学生刚刚学过的生字（注意说的时候，带词语说，例如"目"，双目的"目"）。

游戏第二关：第一关"生字传话"胜出的组别参与第二关游戏，选择学生积累的词语和短语。胜出的小组参与终极赛。

游戏终极赛：选择学生在课文中接触过的较长的句子，或者类似的句子。

游戏步骤：

1. 将学生分成男女两组。如果人数不相同，可以让多余的人到另外一组，使每组人数尽量相同。

2. 开始游戏。为了让学生练习认字能力，老师可以不用说，只是拿出提前准备好的卡片，让每个组的第一个学生过来看一下，然后跑回去小声告诉下一个伙伴，不可以让别人听到。

3. 下一个人再分别往下传，最后听到的两个同学把听到的字词句写出来，最先开始游戏的两个同学坐到队末去。

4. 老师进行评判，写对一个生字得一颗星。词语和句子中写对一个生字得一颗星。

5. 老师拿出第二张卡片，让每组的第一个学生过来，让他们自己看卡片或者读出卡片内容给他们听，然后让他们跑回去，小声告诉下一个人。规则同上，一直传递，由最后听到的学生写出听到的字词句。

6. 老师进行评判，打分。

7. 老师再拿一张卡片继续游戏，直到每个人都当过第一个听到或看到字词句的人。老师核对星星数量，选出最后的胜利者。

芝麻开门游戏

黄元华

游戏背景："芝麻开门"源自世界著名民间故事《一千零一夜》中的《阿里巴巴与四十大盗》。千百年来，一代又一代的儿童在民间故事的滋养中，与正义、坚强、勇敢、团结等美好的品质拥抱。

游戏益处：本次游戏活动以"芝麻开门"为题，形式简单易操作，旨在帮助学生养成积累词语的习惯，使学生们在有趣的活动中进行词语大比拼，在玩乐中爱上学语文。

游戏对象：中低年级学生。

游戏规则：

1. 两个学生伸直双臂，手牵手，面对面站立，摆成一道"芝麻门"的样子。

2. 设置两个小组比赛，每组五人，站在"芝麻门"前，一起高喊："芝麻芝麻，请开门！"

3. "芝麻门"的两个同学回应："你要进入什么门？"

4. 一个小组高喊："我要进入花朵门！"从领队开始，在规定的时间

内，依次说出与花有关的词语，时间一到，立即停止。另一个小组高喊"我要进入鸟儿门"，从领队开始，在和前一组相同的时间内，说出与鸟有关的词语，时间一到，立即停止。说出词语多的小组获胜，可优先跨进"芝麻门"，获胜小组每人奖励两朵小红花，晋级进入第二轮的比赛。（每个小组提前商量好本组想进入芝麻门的类型，可以是花朵门，还可以是鸟儿门、山门、水门、动物门等。）

5. 按照这个规则，依次设立N个小组进行闯关比赛。第二轮的获胜小组与第一轮的获胜小组再次比赛。第二轮获胜小组每人奖励四朵小红花。

补充资料：

与花有关的词语

迎春花　菊花　桃花　樱花　茶花　月季花　海棠花　桂花　梨花
荷花　牡丹花　月光花　昙花　栀子花　杜鹃花　石榴花　梅花
兰花　茉莉花　丁香花　紫荆花　太阳花　花瓣　花萼　花托　花蕊
花苞　花草　花丛　花朵　花粉　花梗　花骨朵　花蕾　花冠　花红
花卉　花环　花茎　花魁　花红柳绿　花前月下　花好月圆　花枝招展
百花争艳　百花齐放　花团锦簇　鸟语花香　繁花似锦　姹紫嫣红
春暖花开　万紫千红　火树银花　锦上添花　花花世界　闭月羞花
争奇斗艳

汉字啄木鸟

郑宇钧

游戏介绍：一年级学生处于识字关键阶段，其专注力、观察力、记忆力等各项学习能力急需提升。这个游戏可以考察和提高学生的专注力、观察力、记忆力、反应力，也能够使学生在游戏中加深对汉字的印象。

游戏规则：

1. 按照题目要求，每道题在最短时间内正确完成，得1分。

2. 十人一小组，每小组站成一队，共两小组，两两比拼，所有题目完成，得分较高的一组获胜。

游戏过程：

1. 第一关：读出这个字。

教师准备学过的五组形近字，共十个汉字。如：令、今；是、足；人、入；末、未；白、百。提前准备汉字卡片，每张卡片上写一个字，字号足够大，让学生能一眼看清楚。

这十个汉字中，每两个形近字为一组，放在前后两张卡片上。如：第一张卡片上是"令"，第二张卡片上就是"今"。这十个字，一个字算一道题，依次出现。

当第一张卡片"令"字出现时，两组各自站在队首的同学，谁最先读出这个字的正确读音，谁的小组就得一分，第一题结束，第一名同学到旁边休息。第二题由每组下一位同学抢读，十道题对应每组十位同学，依次进行。

十道题结束后，哪个组得分多，哪个组就获胜。获胜小组成员每人奖励三朵小红花，失败的小组成员一起跟着音乐唱一首学过的儿歌。

2. 第二关：同音不同字组词。

教师准备学过的五组同音字，共十个汉字。如：座、坐；做、作；路、鹿；知、只；唐、塘。提前准备汉字卡片，每张卡片上写一个字，字号足够大，让学生能一眼看清楚。

这十个汉字中，每两个同音字为一组，放在前后两张卡片上。如：第一张卡片上是"座"，第二张卡片上就是"坐"。这十个字，一个字算一道题，依次出现。

当第一张卡片"座"字出现时，两组各自站在队首的同学，谁最先给这个字组一个词并正确，谁的小组就得一分，第一题结束，第一名同学到旁边休息。第二题由每组下一位同学抢答，十道题对应每组十位同学，依次进行。

积分规则如上一关。获胜小组成员每人奖励三朵小红花，失败的小组成员一起跟着律动操音乐原地高抬腿三十下。

当学生积累三次游戏经验后，每关游戏内容可由学生来收集提供，教师及时给予提醒和指导。收集合格的学生可奖励三朵小红花。当小红花积累到三十朵时，可以奖励一张小奖状和一个小零食。

趣味识字

邱 霞

设计背景： 汉字是中华民族智慧的结晶，是中华优秀传统文化的载体。汉字承载着鲜活的生命。识字和写字是一年级语文学习的重中之重，而掌握汉字基本笔画和笔画名称，能按照正确的笔画顺序书写，则是学习的基石。如何把汉字学习变得有意思呢？我们寓学习于游戏来提高学生学习兴趣，增强其学习意识，在玩中学、学中玩，寓教于乐。此游戏是为了提高一年级学生的识字兴趣而设计的，通过字—词—句阶梯式的展开，让学生们在游戏中感受到识字的快乐，同时在生活中有识字的愿望。

设计原则：

1. 游戏服务于教学：教师选择和安排的活动需要紧紧围绕教学的主要内容，切实落实教学的要求。在突破教学难点、重点的同时，使学习目标成为整个游戏的方向，让学生在愉悦的氛围中了解、掌握之前不会的知识。

2. 游戏形式趣味化：趣味性的活动能迎合低年级学生的心理，让学生在学习过程中更加积极和主动，增强识字的兴趣。

3. 游戏的集体性：游戏面向全体学生，使每个学生都能参与其中，在游戏学习中培养创新精神和提升实践能力。

4. 游戏的可操作性：课间只有十分钟，所以游戏规则必须简单明了且易操作。

基于以上背景和原则我们设计了三种游戏。

NO.1 笔画大比拼

适用范围： 开始学习汉字阶段，适合一、二年级。

游戏准备：笔画卡片（如下图）。

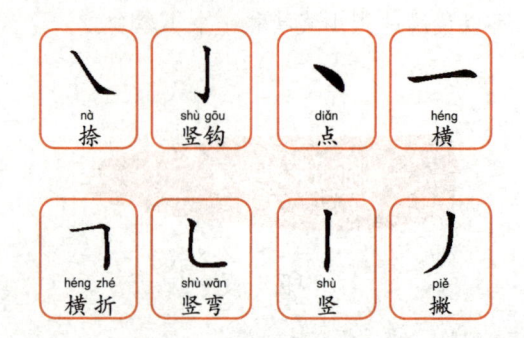

| ㇏ nà 捺 | 亅 shù gōu 竖钩 | 丶 diǎn 点 | 一 héng 横 |

| ㇆ héng zhé 横折 | ㇄ shù wān 竖弯 | 丨 shù 竖 | 丿 piě 撇 |

游戏过程：

1. 分组游戏：请第一组八位小朋友每人拿一张笔画卡片，老师发出指令，请出拿有笔画卡片的同学上台（其他小组以此类推）。

2. 老师发出指令，小朋友迅速举起正确的笔画卡片出列。（师："大"的第二画。生：举起"丿"卡片。）

游戏晋级说明：

1. 老师发出指令，学生举起正确的卡片，看谁的反应最快，累计加分。这种游戏可以根据学生获胜的场次或者举牌的速度、准确度进行晋级。

2. 每个小组玩五个汉字，七个小组结束后，评选出每组的获胜者进行奖励。

NO.2 躲避炸弹

适用范围：学习词语阶段。

游戏准备：生词卡片。

游戏过程：

1. 随机选取一组词语（学校、语文、数学、炸弹等）写在卡片上。

2. 老师在卡片中任意抽出一张卡片让同学以抢答的方式认读，当抽到的卡片上写着"炸弹"时，所有学生不读，趴在桌上躲避炸弹。

游戏晋级说明：以分组形式，从头到尾轮流读出词语，读错词语或读出"炸弹"者淘汰，直至决胜出优秀小组，获得"拆弹专家"称号。

NO.3 汉字开火车

适用范围：学习句子阶段。

游戏准备： 生字卡片。

游戏过程： 学生每人持有一张生字卡，老师发出指令（比如金、木、水、火、土），持有生字卡的五位学生根据老师的指令按照从左到右的顺序站好，反应快，顺序对，则继续游戏。老师再次发出指令（比如土、木、水、火、金），学生再次根据老师的指令从左到右站好，如出现顺序错误则淘汰。

游戏晋级说明： 每轮游戏不得超过5人，每5人为一组，多轮游戏后，决胜出优秀小组，获得"优秀火车"称号。

贪吃蛇对对碰

潘 勇

设计背景： 一年级学生识字量不大，但是识字需求迫在眉睫。有韵律的童谣能很好地培养学生的语感，帮助学生积累语言素材。这个游戏可以激发学生的兴趣并巩固童谣阅读的成效，让学生们在游戏中感受到识字的快乐，同时在生活中有识字的愿望。

适用范围： 开始学习汉字阶段，适合一、二年级。

游戏准备： 有韵律的童谣，如《声律启蒙》《笠翁对韵》等。

游戏过程：

1. 20位同学处于准备状态（若在室内就坐姿端正或者在课桌上趴好，若在室外就手拉手围成一个大圈）。

2. 选出一人来当贪吃蛇的头。

3. 音乐响起，所有同学开始随音乐节奏拍手，"蛇头"起身随音乐节奏拍手前行。

4. "蛇头"随机走到某位同学身边双手轻轻拍拍他的背,并告诉他一个字,如"云",被拍背的同学 A 迅速起身说出该字的反义词或近义词,如"雨"。

5. 若对得正确,"蛇头"就立即和同学 A 击掌并一起大声说:云对雨。

6. 同学 A 随即起身跟随"蛇头"前行。

7. 游戏如此继续下去,直到所有同学成为贪吃蛇的一部分。

我说你做拼拼乐

肖 西

游戏背景:初入学的小学生,有的胆子小,不敢在陌生人面前大声说话,回答问题让人听不清楚,在汉语拼音学习中不敢大声拼读。这次游戏以学生喜爱的游戏来营造自然、轻松的交际氛围,学生可以通过游戏快乐地交流,减轻互动交流的压力,同时以汉语拼音拼读为载体,在发出指令和完成指令的过程中,熟悉拼读方法。

游戏益处:游戏可以锻炼人对周边事物的反应能力,学生在游戏过程中处于主动的地位,心态是积极的,游戏角色的选择、口令的编排、材料的选择都由学生自己完成。学生在玩游戏的过程中变得更有勇气,有利于增强说话的自信心。

游戏对象： 一年级学生，4人一组，可在上课或课余时间进行。

游戏准备：

1. 拼音卡片一组。
2. 汉语拼音已经学习完成。

游戏步骤：

1. 全班共同完成一组指令后，学生4人一组，自行组队。
2. 游戏开始：闯关活动。

第一关：我说你做。老师发出指令，学生完成指令。比如：站立、坐下、举右手等。游戏要点：发指令的人声音要清晰；做指令的人要注意力集中。

第二关：我说你拼。师：b－a－bà，爸爸的爸。学生拿出声母b，韵母a，声调`。

第三关：拼拼乐。全班分成13组，学生4人一组，每人轮流发出指令，另外3人迅速在卡片里找出声母、韵母和声调，拼成一个字的完整的拼音。最先拼完4个字的拼音的小组获胜，获得奖励。

奖励措施： 获胜的小组成员可以对全班发出自由指令，比如"扭扭腰""跺跺脚""摸摸鼻子"等。

拼音闯关游戏

周毅楠

游戏背景： 汉语拼音是汉语学习的重要工具，是语文学习的基础，也是帮助学生识字、阅读和学习普通话的有效工具。对一年级学生来说，拼音只是一串枯燥无味的符号，要让学生想学、乐学，就要变无趣为有趣。基于新课标和双减政策的要求，设计拼音闯关游戏，可使学生感受到拼音学习的乐趣。

游戏益处：游戏可以很好地锻炼学生的观察能力，加深学生对拼音的印象和拼读的熟练程度。

游戏对象：一年级学生。

游戏说明：设计三打白骨精、真假美猴王等游戏，学生们化身孙悟空，只有闯关成功，才能够救出唐僧。学生4人一组，每组选出代表参加闯关，第一关闯关成功全组才能进入第二关，第二关闯关成功可进入第三关，第三关闯关成功则全组获得奖励。

游戏步骤：

1. 第一关：三打白骨精。

准备相关的拼音卡片，按照声母、韵母、整体认读音节分类，音节按照两拼音节、三拼音节分类。能够准确迅速分类的则闯关成功。（前5组闯关成功）

2. 第二关：真假美猴王。

准备好学生易混淆拼音的卡片，比如 b d p q ei ie ui iu an ang en eng in ing，由老师报出，学生快速举起卡片。正确快速完成的前3组闯关成功。

3. 第三关：三借芭蕉扇。

给出若干音节和字，空出音节中的韵母，学生要快速找出应该填的韵母，举起韵母卡片并读出。完成得又快又多的小组获得最终胜利，按照完成顺序确定冠军组、拼音能手组、优秀组。

汉字找碴

林 荫

游戏益处：掌握字的结构，提高观察能力、分类能力和判断能力。

适用对象： 1~3 年级学生。

游戏准备： 游戏卡片。

游戏规则：

1. 观察细节：在游戏中，经常会出现一些微小的变化，例如笔画的粗细、字形的略微变化等，我们需要仔细观察，找到这些细节变化。

2. 比较差异：我们需要找出图片中的不同点，可以逐个对比，也可以逐行逐列进行比较。

3. 利用提示：如果遇到难以找到的不同之处，可以利用游戏中的提示功能，提示我们差异点的位置，从而更容易找到差异。

4. 制订计划：在寻找不同之处时，我们可以先将整个图片大致看一遍，然后再逐个对比，这样可以更快地找到所有的不同点。

游戏分为普通版和进阶版。普通版：比较简单的字。进阶版：比较难的字。

普通版

1. 依次出示以下三个生字方阵，规定时间，找出方阵中不一样的那个字。

日日日日日日	土土土土土土	百百百百百百
日日日日日日	土土土土土土	百百百白百百
日日日日日日	土土土土土土	百百百百百百
日目日日日日	土土土土土土	百百百百百百
日日日日日日	土土土土土土	百百百百百百
日日日日日日	土上土土土土	百百百百百百

2. 晋级的依据是观察时间的长短。

进阶版

1. 依次出示以下三个生字方阵，规定时间，找出方阵中不一样的那个字。

片片片片片片	林林林林林林	海海海海海海
片片片片片片	林林林林林林	海海海海海海
片片片方片片	林林林林林林	海海海梅海海
片片片片片片	林林林林材林	海海海海海海
片片片片片片	林林林林林林	海海海海海海
片片片片片片	林林林林林林	海海海海海海

2. 晋级依据是规定的时间内，方阵中生字难度的大小。

词语五子棋

朱　聪

游戏益处：开发智力，提高注意力、记忆力，培养逻辑思维，掌握词语的正确读法，体会一起玩游戏的乐趣。

游戏对象：1~3年级学生。

参加人数：两人一组。

游戏准备：五子棋卡片、彩笔（不同颜色）。

游戏过程：

玩法一

1.AB双方各选择一种颜色的彩笔，用石头剪刀布的方式确认游戏顺序。

2.胜出方先选择一个词语，大声读出来，读正确算成功，可以用彩笔将词语圈起来。另一方则后选，双方交替圈词，每次只能圈一格。

3.谁先将五个词语圈完，并连成一条直线（斜线、横线、竖线都可以），谁就获胜。

4.玩家读不出或读错词语则轮空，由对方进行下一步。

玩法二

1.AB双方各选择一种颜色的彩笔，用石头剪刀布的方式确认游戏顺序。

2.胜出方先选择一个词语，大声读出来，读正确算成功，可以用彩笔将词语圈起来。另一方则后选，双方交替圈词，每次只能圈一格。

3.形成五子连线就可以替换对方任意一个词语，最后以圈得多的一方为胜。

巴士识字乐园

祁红林

游戏益处：

1. 激发识字兴趣，提高识字量。
2. 集中注意力，提高专注力。
3. 培养观察能力，培养连词成句能力。

适用范围： 小学一年级，两人玩，或亲子游戏。

游戏准备： 玩具车、剪好的字卡。

游戏步骤： 把几句话剪成的字卡放在方格上，用小车连词成句，走出一句话。随着识字量的增加，不断增加句子的难度。

如：

爱吃萝卜

春天树发芽了

今天是星期六

```
吃 — 萝 — 卜    六
|        |    |
爱 — 是    星 — 期
|    |        |
春    天 — 树    发
|        |    |
小 — 今    了 — 芽
```

词语蛇形棋

朱 露

游戏背景： 教师教完新的生词之后，学生可以在学校或者家里使用此游戏随时进行生词巩固练习。因为是对战游戏，学生有一定的好胜心，潜意识就会在平时的学习中更加注意生词的学习，久而久之也会提高自身的学习能力。

游戏益处： 这个游戏可以帮助学生巩固已经学过的词语，对于学生来说，趣味性强，接受度也高。在玩游戏的过程中，可以提高学生的专注力和反应能力。

游戏准备： 词语蛇形棋盘、棋子、骰子。

游戏玩法： 在棋盘上的格子里换上老师要求学生掌握的目标词语。学生可分为两队，每队人数控制在2～4人，人数不要太多，不然学生在等候时会分心。

语言文字类

好事	木棉	头顶	孩子	树叶		
阳光						
窗外		电影	台灯	以前	出国	
					事情	
农事	辛苦	秤杆	力气	评奖	报纸	
月光						
水杉						
丛林	杨树	欢笑	队旗	石桥	花园	
					知识	
傍晚	花朵	海洋	办法	只要	那里	
眼睛						
头顶						
开始						

21

游戏规则：

1. 参与者轮流掷骰子，得到多少点数就走几步。

2. 走到哪个格子就把格子里的词语大声读出来，如果不会读而没有读出来，则要回到起点重新开始；读错了的，读音不准的，则要后退两步。

3. 如果遇到梯子（梯底），可以直接顺着梯子到达梯子上面的那个词语格子里，这样可以一下子前进很多步。

4. 如果遇到蛇头，表示遭蛇咬，请回到蛇尾那一格。

5. 胜负：每队2~4人，谁先到达终点谁赢。

汉字骰子

戴 晗

材料准备：

1. 用于折正方形的纸。

2. 在正方体折纸的每一面上写汉字问题。

3. 把写好问题的纸折成正方体，当作汉字骰子。

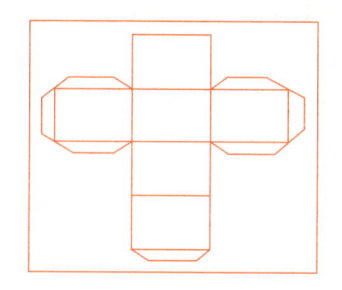

游戏规则： 分个人战和团队战。

个人战

1. 找到自己的小伙伴。
2. 分别拿出自己的汉字骰子。
3. 游戏时掷对方的汉字骰子，回答对方出的汉字问题。
4. 回答朝上一面的汉字问题，答对得一分，答错不扣分。
5. 游戏进行三轮，如分数相同，加赛一轮，以此类推。

团队战

1. 组队，双方队伍人数相等即可。每组拿出一个汉字骰子。
2. 游戏时均掷对方的骰子，回答对方出的汉字问题。
3. 组内的所有人至少回答一次问题，否则小组成绩不作数。
4. 回答朝上一面的汉字问题，答对得一分，答错不扣分。
5. 游戏进行轮数不少于每队人数，如分数相同，加赛一轮，以此类推。

补充说明：

1. 如果给不出六个汉字问题，可以留白。
2. 至少出三个汉字问题。
3. 留白部分可设置以下内容：
（1）再掷一次；（2）对方加一分；（3）自己加一分。

汉字问题参考：

低阶

1. "池"字的读音是？
2. "降"字的偏旁是？
3. 给"春"字组两个词。

4. "万"字的笔顺是？

5. "没"字的第五笔是？

6. "国"字的结构是？

7. "要"字的笔画是？

8. 言字旁的第二笔是？

中阶

1. 用两种方式介绍姓氏"李"。

2. 说出"青"字族的两个字并组词。

3. 说出多音字"空"的两个读音并组词。

4. "迷"字是一个形声字，它的形旁是？

5. "蒲扇"的读音是？

6. 言字旁的第二笔是？

7. 正确读出"不解藏踪迹"这一句。

高阶

1. "准"字在新华字典的第几页？

2. 分别说说口字旁、提手旁、足字旁的字与什么有关？

3. "袈裟"的读音是？

4. 衣字旁的写法是？

5. "丁零零"的读音是？

6. 正确读出"泉眼无声惜细流"这一句。

7. 说出两个带有"春"字的四字词语。

小猴捞月

杜红英

游戏益处：积累成语诗词，锻炼团结协作能力、快速反应能力、活动能力。

适用范围：1～3年级。

游戏准备：至少8人。

游戏规则："小月亮"只能在圈内逃跑躲闪；两个"小猴"必须手拉手，最多只能有一个进入圈内；一旦"小月亮"被捉住就要说出一个带有"月"字的成语、诗句或表演一个小节目；由被捉住的"小月亮"指定别人担任"小月亮"和"小猴子"的角色。

游戏过程：大家先手拉手围成一个圆圈当"水井"，选一个小朋友站在圈里当"小月亮"，另外再选两个小朋友站在圈外当"小猴子"。游戏开始，大家按逆时针方向一边转圈一边唱儿歌："小月亮，晃悠悠，乐得小猴翻跟头。小月亮快快跑，小猴捉住不得了。"唱完儿歌，两个"小猴子"开始伸手捉"小月亮"。"小月亮"只能在圈里逃跑躲闪，两个"小猴子"必须手拉手，最多只能有一个进入圈中，"小月亮"一旦被捉住就要说出一个带有"月"字的成语、诗句或表演一个小节目，接着由他指定别人担任"小月亮"和"小猴子"的角色，游戏重新开始。

翻翻棋

周金丽

游戏益处：激发小学生对汉字的兴趣，巩固归类识字方法。

游戏准备：

1. 棋盘一张（硬纸壳做的方行棋盘）。

2. 25 枚用硬纸片做的棋子（稍小于棋盘格子），分别写有汉字。其中走之底类 5 张，如还、过、进、远、边。提手旁类 5 张，如打、摘、扔、挂、抱。青字族 5 张，如晴、睛、清、请、情。包字族 5 张，如饱、跑、炮、泡、袍。虫字旁类 5 张，如蚁、蛐、蜻、蝌、蚯。

甲同学

乙同学　　　　　　丁同学

丙同学

游戏过程：

1. 将棋子字朝下，打乱摆放在棋盘的格子里，4 位同学分别站在棋盘的一方，每人找一类棋子（如甲找走之底、乙找提手旁、丙找青字族、丁找包字族）。

还	边	泡	蚁	蚯
摘	远	晴	扔	情
清	过	请	蝌	进
袍	饱	进	挂	打
蛐	睛	炮	捧	跑

2. 4 位同学轮流翻棋子，翻时不能让其他同学看见棋子上的字，翻到自己要找的棋子后，就把字翻过来，正面朝上放在自己一侧的格子里；如翻不到自己要找的棋子，仍放回原处，记住下次不要去翻它。反复轮流翻

26

棋，谁最先找够自己的5枚棋子，谁获胜。

游戏补充玩法：

1. 为提高游戏难度，可将写上不属于上述五类的其他汉字摆在棋盘中。

2. 根据游戏需要，也可在棋子上写其他偏旁部首类的字，如竖心旁、单人旁、提土旁、广字旁等。

背后传字

谢秀珍

游戏介绍： 这个游戏侧重培养学生的专注力和感知能力，深受二、三年级学生喜欢。队伍最后一个人先在前一个学生后背上隔纸写一个汉字，之后前面的学生依次往前传写，直到最后。可以想象，传写到了最后，原来的字可能就面目全非了，不论结果如何，学生们都会很高兴。

游戏益处：

1. 锻炼学生的专注力和感知能力。

2. 体会一起玩游戏的乐趣。

游戏准备：

1. 白色的卡纸、大头笔若干。

2. 将学生分成两组，每组5～6名同学。

游戏规则：

游戏可以设置成闯关形式，由易到难。

第一关：可以多选几组学生参与。老师可以选择刚刚学过的、笔画较少的汉字进行背后传字。最后一人将规定的汉字，用"背部书写"方式向前传递，最后比对结果是否与规定的汉字一致。

第二关：第一关背后传字胜出的小组参与第二关游戏，教师可以选择笔画稍多的生字，让学生进行背后传字。传对的小组获胜。

游戏过程：

1. 将学生分成两组。每组5~6名同学，站成一列。

2. 开始游戏。为了锻炼学生的专注力和感知能力，老师把要传的字悄悄地告诉每个组的最后一个学生，然后最后一个学生把这个字隔纸写在前面学生的后背上。

3. 下一个学生再把这个字隔纸写在前面学生的后背上，依次往前传，最后传到队伍最前面的学生，检查最前面的学生写的汉字是否准确。

4. 老师进行评判，看哪组传字最准确，传字速度最快。选出获胜的小组。

5. 第一关背后传字胜出的小组参与第二关游戏，教师可以选择笔画稍多的生字，让学生进行背后传字。

6. 老师进行评判，选出最终的获胜者。

"趣"玩汉字

龙之秀

游戏背景：《义务教育语文课程标准（2022年版）》指出："语言文字是人类社会最重要的交际工具和信息载体，是人类文化的重要组成部分。"对于低年级的学生而言，字词的重要性不言而喻。新课标学段要求中对第一学段的要求是，小学一二年级的学生喜欢学习汉字，有主动识字、写字的愿望。游戏就是最好的方式之一。

游戏益处：将汉字进行拆分、组合，既能帮助学生了解汉字的结构，培养学生的识字能力，又能激发学生学习汉字的兴趣。由字到词的游戏，逐步增加了挑战难度，通过这种游戏的方式，还能够培养学生的专注力、观察力，并提高其记忆力。

游戏对象：低年级学生。

游戏准备：独体字卡片若干，偏旁部首卡片若干，词语卡片若干。

游戏步骤：

1. 游戏一：趣味汉字变变变。

玩法一（双人游戏）

①两位同学随机抽取10张偏旁部首卡片。

②由一位同学从独体字卡片中选择一张卡片放在中间，两人轮流进行游戏。

③每人从自己手中的偏旁部首卡片里选择一张卡片，与独体字卡片上的字组成一个新字，并大声读出这个生字。例如：抽出独体字卡片"青"，学生1拿出偏旁部首卡片"氵"，大声读出新字"清"，学生2拿出偏旁部首卡片"讠"，大声读出新字"请"。

④无法组成新字的同学喊"过"，由另一位同学继续组合新字。组成新字多者获胜。

玩法二（多人游戏）

①数位同学随机抽取10张独体字卡片。

②由一位同学选择一张偏旁部首卡片放在中间，参与游戏者按照顺时针或逆时针的顺序轮流进行游戏。

③每个人从自己手中的独体字卡片里选择一张，与放在中间的偏旁部首组成一个新字，并大声读出这个生字。例如：抽出偏旁部首卡片"亻"，学生1拿出独体字卡片"尔"，大声读出新字"你"；学生2拿出独体字卡片"主"，大声读出新字"住"；学生3拿出独体字卡片"火"，大声读出新字"伙"。

④无法组成新字的同学喊"过"，由下一位同学继续组合新字。组成新字多者获胜。

2. 游戏二：词语连连看。

①选择6对词语卡片，正面朝上，按照顺序摆成方阵。

②观察并记忆1分钟后，将卡片反面朝上摆放。

③学生每人每次翻2张卡片，配对成功，卡片就归其所有。

③若不一致，则翻回卡片，由下一位学生继续进行游戏。

④配对成功次数多者获胜。

（难度升级可将6对卡片变为12对卡片。）

例如：

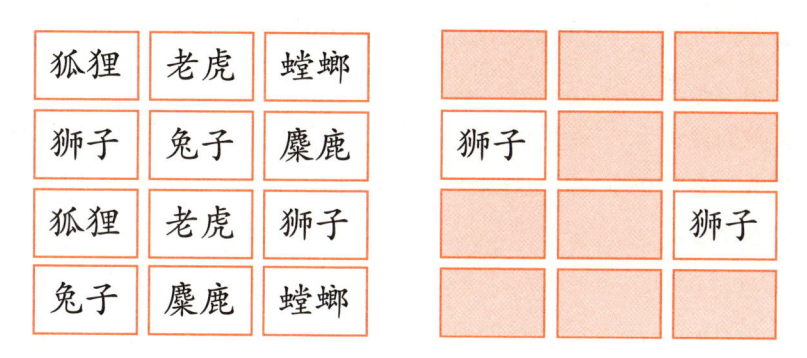

狐狸	老虎	螳螂
狮子	兔子	麋鹿
狐狸	老虎	狮子
兔子	麋鹿	螳螂

狮子		
		狮子

3. 游戏三：字词对对碰。

玩法一（双人游戏）

①两人平分所有卡牌。游戏开始时，双方同时亮出一张卡牌。

②两人同时观察卡牌上的字词，并找出其中相同的一个汉字或词语。

③最先找出相同汉字或词语并大声读出来的学生，直接赢取这两张卡牌。

④卡牌全部出完后，手中卡牌多的学生获胜。

玩法二（多人游戏）

①每人各分5张卡牌，将剩余卡牌反面朝上放置在桌子中央。

②翻开一张中央牌，所有学生需在自己的卡牌上找到与中央牌相同的一个汉字或词语，最先喊出者获得这张中央牌。

③当所有中央牌用完之后，手中卡牌最多者获胜。

猜硬币

陶 颖

游戏背景：专注力是学生需要锻炼的一个重要能力，此游戏通过传送硬币的真假动作，将观察能力、注意力和敏锐性的锻炼融入游戏中，可让学生更加专注于做某事，对学生在课堂上学习文化知识有促进作用。

游戏益处： 此游戏能锻炼学生的观察能力，有效促进学生专注力的发展，对学生形成乐观开朗、积极向上的性格具有积极意义。

游戏对象： 1~6年级学生，5人以上一起玩，不受时间和空间限制。

游戏准备： 硬币一枚，大家围坐成一圈，选一人居中当猜者。

游戏步骤：

1. 游戏开始，大家齐唱："硬币硬币，你真奇怪，传来传去，无影无踪，真奇怪，确奇怪，有个朋友站在场中央！"与此同时，将左手向一旁抬高，手心向上，右手从右边人的左手手心里做取硬币的迷惑性的动作，放到自己左手手心里。其实只有一枚硬币，可以真传，也可以假传。

2. 连唱三遍后，大家一齐双手握拳伸出，由中间人猜，凭自己的观察和记忆，猜硬币在谁手中，猜对可与拿硬币者互换位置。

奖励措施： 若猜中则由拿硬币的学生接受惩罚，若猜错则由猜错的学生接受惩罚。惩罚可以是表演一个小节目等。

我爱接故事

李思露

游戏背景： 通过学生一起合作编故事，旨在丰富学生们的校园文化生活，加强学生之间的合作与交流，进一步促进其语言组织能力的提升。

游戏益处： 此游戏能有效缓解学生紧张的学习情绪，让学生在轻松愉悦的氛围中一边听，一边讲，提升学生的语言表达及语言组织能力。

游戏对象： 1~6年级学生，两人或多人均可一起玩，不受时间和空间限制。

游戏准备： 将学生分成两组。

游戏步骤：

1. 将学生分成男女两组。如果人数不相同，可以让多余的人到另外一组，使每组人数尽量相同。

2. 由老师给出一个开头，如"在一个鸟语花香的上午，花园里的花孩子们都在兴高采烈地玩耍着，突然……"。

3. 两个小组分别围成一圈，开始故事接龙。

4. 学生们按顺时针或逆时针的方向依次续接故事。规定每人只能说两句。

5. 当每个小组最后一位学生接龙完成后，选出一位学生将小组接龙出的完整故事向所有人讲述。

6. 故事收尾以后，可以让学生进行自我评价，评选出"最生动奖""最有创意奖""最具文采奖"等。

识字写字乐趣多

易红辉

游戏背景：对于小学低年级学生而言，识字写字是重点也是难点。针对学生识字量参差不齐、写字笔顺颠倒的现状，为了进一步落实语文课堂中的会认字和会写字的教学环节要求，设计此游戏当堂操作，可寓教于乐、事半功倍。

游戏益处：进一步激发学生识字写字的兴趣，让识字写字的学习变得快乐高效。

游戏对象：1~3年级学生。

游戏准备：

1. 字卡、印有9宫格或16宫格的纸。

2. 把全班学生分为A、B两组，比如1~3列为A组，4~6列为B组。

游戏步骤：

1. 游戏一：汉字Bingo。

老师从某一课的会认字和会写字栏目中一共挑选9个或16个出示在屏幕上（依据该课的字数合理选择），让学生按自己的喜好打乱顺序把字抄写在9宫格或16宫格里，每个方格写一个字。老师一次念3个或4个汉字，学生一边听一边寻找自己写的这几个字，如果这几个字出现在一个横排或一个竖列或一条斜线上，那么该学生就可以大声说"Bingo"，老师和其他学生检验无误，就可以为该学生加一分，最后看谁的积分多，谁就获胜。

2. 游戏二：送信。

老师从某一课的会写字栏目中挑选12个字做成12张字卡，游戏第一轮用6张，第二轮用另6张。先把6张字卡分别发到每一列的第一个学生手中，这六个学生安静看清字卡上的字后，老师迅速收回字卡。等老师说开始后，这六个学生就转身在自己后面的第二个学生的后背上用食指写出卡片上的那个字，第二个学生明白了就继续转身在第三个学生的后背上写这个字，依次进行，直到最后一个学生明白是什么字，就立即上前把这个字写在黑板上。谁写对了就可以加分，根据用时多少来加分，最快的加3分，较快的加2分，最慢的加1分，最后根据A、B两组各自的总积分来决定胜负。

拼音王国大闯关

舒建斌

游戏背景： 一年级学生学习汉语拼音差不多要一个月的时间，这段时间既是学生行为习惯养成的关键时期，也是学生学习感到比较吃力的阶段。利用拼音游戏既可以缓解学生的学习压力，又可以让学生养成认真听、仔细想、开心玩、守规则的好习惯。

NO.1 我说你做

适用范围： 开始学习拼音阶段。

游戏过程： 小朋友听到字母读音后，用手势来比画字母形状。

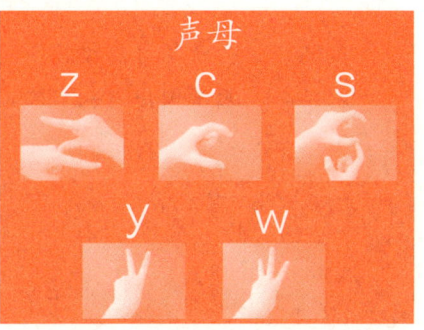

游戏晋级说明： 游戏者可以两人为一组，一人报字音一人比画，五轮后交换角色。还可以一人报字音，三至五人比画，出错者或速度慢者淘汰，最后获胜者可评为"我说你做"游戏能手。这种游戏可以根据获胜的场次或者比画字母的速度、准确度进行晋级，如5次获得"我说你做"游戏能手，可升级为"我说你做"游戏高手。游戏高手可以在全年级不同班级之间进行"我说你做"游戏大王的角逐。

NO.2 巧手摆字母

适用范围：学习单韵母和声母阶段。

游戏准备：小棒、毛线等工具。

游戏过程：小朋友在规定的时间内用工具摆出字母，谁摆出的字母多，谁就获胜。

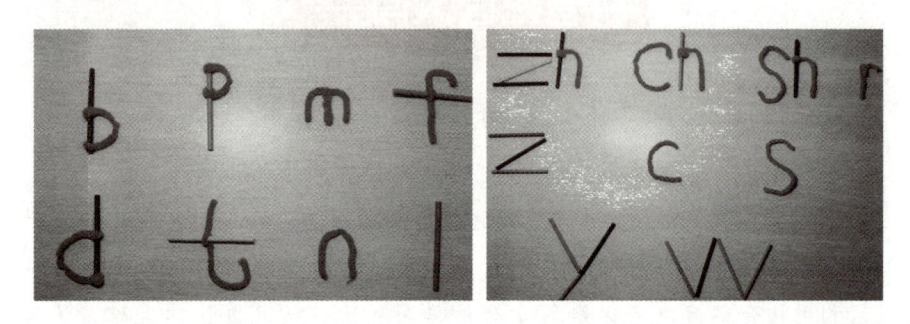

游戏晋级说明：游戏者可以两人为一组，谁在规定的时间内完成得快、完成得好，谁获得个人"巧手奖"。还可以以四人小组为单位进行，哪个小组在规定的时间内完成得快、完成得好，哪个小组获得团体"巧手奖"。

NO.3 字母变形记

适用范围：拼音复习阶段。

游戏准备：相关图片（如下图）。

游戏过程： 在规定的时间内按声母或韵母顺序连线，看谁最先画出小动物。

游戏晋级说明： 游戏者可以两人为一组，谁在规定的时间内完成得快、完成得好，谁获得个人"变形大王"称号。还可以以四人小组为单位进行，哪个小组在规定的时间内完成得快、完成得好，哪个小组获得团体"变形大王"称号。

NO.4 开火车

适用范围： 复习声母表、韵母表和整体认读音节表阶段。

游戏准备： 声母、韵母和整体认读音节卡片。

游戏过程： 将声母、韵母、整体认读音节分为三列"火车"。比如声母火车，一人手执声母卡片 b 出场，持 p、m、f、d 等声母卡片的同学按声母表顺序依次走上讲台。每人右手搭在前一个同学的肩上，左手将字母卡片面向台下的同学举起。火车头发出"呜——"的响声后，每个学生按声母顺序读出自己手中的声母，看哪位火车司机开得又快又稳。

另外两列火车的车头分别是 a 和 zhi，游戏方法和声母火车一样。

游戏晋级说明： 游戏者以声母、韵母和整体认读音节自由组合火车，比比哪列火车开得又快又稳，可以获得最佳"××专列"，还可以评选个人"最佳火车司机"。

NO.5 比耳朵

适用范围： 复习发音容易混淆的汉语拼音声韵母阶段。

游戏准备： 学生每人一套声韵母卡片。

游戏过程： 大家一起读儿歌：前鼻音、后鼻音（或平舌音、翘舌音），发音相似难分清。小耳朵，仔细听，听清快举你就赢。然后请老师或某一位同学报音，其他人找出相应的声韵母，一边举起卡片一边迅速读出听到的声韵母：如"an an an，前鼻音，我会把它来分清"，"z z z，平舌音，我会把它来分清"。

游戏晋级说明： 每组游戏设置 10 个拼音字母，游戏者举得快、读得准、正确次数最多即可获得"顺风耳"的称号。

NO.6 放烟花

适用范围： 认读音节、拼音短句阶段。

游戏准备： 把需要认读的音节或拼音短句卡片放入一个红色的烟花筒内。

游戏过程：

大家一起读儿歌：节日到，烟花爆，教室里面真热闹。同学们依次来到烟花筒前抽出卡片，读完后做点燃烟花的动作。如果读对了，下面的同学跟他一起读，并模拟烟花的声音："嘭——啪"；如果读错了，就模拟哑炮的声音："嗤——"。

游戏晋级说明： 可以比比哪位同学点燃的烟花最多，也可以以小组为单位进行，比比哪个小组点燃的烟花最多，评选"最佳爆破能手"和"最佳爆破小组"。

NO.7 火眼金睛辨对错

适用范围： 学习音节标调阶段。

游戏准备： 孙悟空头饰和有关的音节卡片等。

游戏过程：

大家一起读儿歌：小小孙悟空，眼睛亮晶晶。标调有错误，一眼就看清。

老师在黑板上出示一些音节，其中有些音节标调出错（四个调号做成可移动的图标）。两人一起玩，看谁找到的错误多，并且改得快。

游戏晋级说明： 谁找到的错误多，并且改正得快，谁获胜。获胜的同学可以戴上孙悟空头饰，获得"火眼金睛"奖。

NO.8 打拼音扑克

适用范围： 巩固拼音的拼读阶段。

游戏准备： 一套拼音扑克牌（23 张上标有声母、24 张上标有韵母）。

游戏过程： 打拼音扑克时，一方拿声母，一方拿韵母，各自将扑克反放在自己面前。两人同时从对方的牌中翻出一张，最先拼出音节的将两张牌收为己有。如翻开的声母是 d，韵母是 ui，快速拼出"d——ui——dui，土堆的堆"的同学可以获得两张牌。

游戏晋级说明： 这项游戏可以设置晋级玩法，逐层晋级，最后在决赛中获胜的同学可以获得"扑克大王"的称号。

快乐竹节人

戴 婷

游戏背景：《竹节人》是一篇深受学生喜欢的课文，不少同学跃跃欲试，想自己也来玩一把竹节人。

游戏益处： 将课本中的学习内容延伸到课外实践活动中来，在游戏活动中，可锻炼学生的动手能力，激发学生的学习兴趣，从而寓教于乐。

游戏对象： 高中低年级学生。

游戏准备： 细竹竿、纳鞋底的线、锯条、钻孔工具、带缝的小板凳或者拼接课桌。

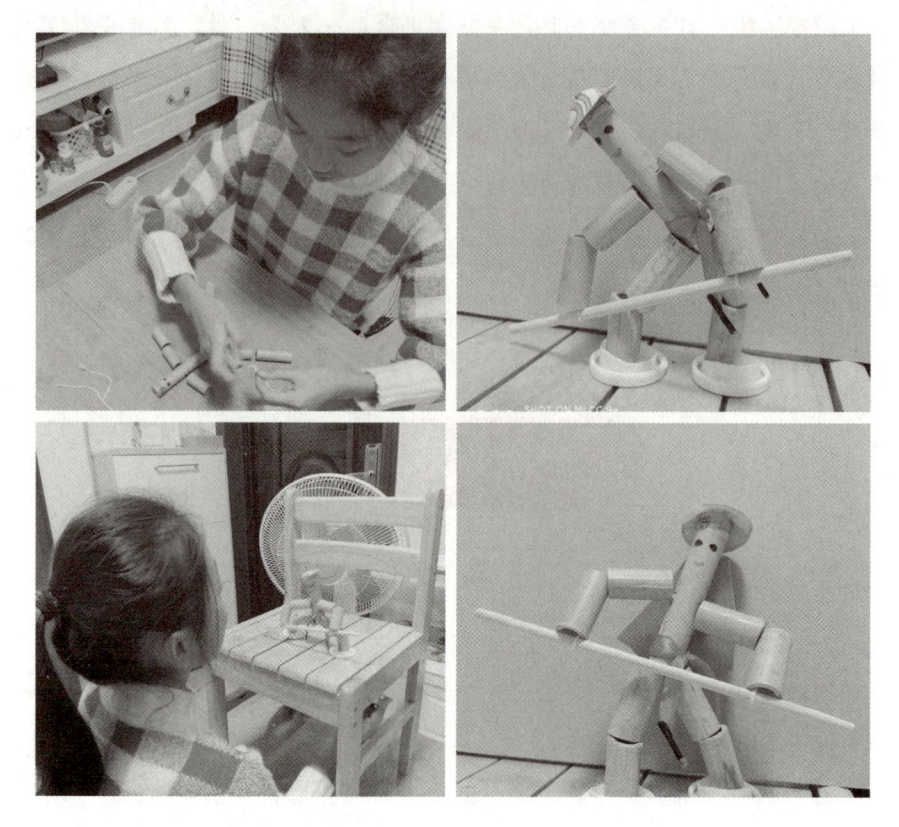

游戏步骤:

1. 游戏一:自己动手做竹节人。

第一步:从细竹竿上锯下三厘米长的一截,当作竹节人的脑袋和身躯。

第二步:在步骤一锯下的细竹竿上面钻一对小眼,供装手臂用。

第三步:继续锯八截短的细竹竿作四肢。

第四步:用纳鞋底的线将竹节穿起来。

2. 游戏二:玩竹节人(我的竹节人)。

把穿着九个竹节的鞋线嵌入课桌木板之间的缝里,将线一松一紧地拉扯,竹节人就舞动起来了。

把两个竹节人放在一起,分别操纵下面的线,竹节人就能互相搏斗了。在玩的过程中,可以给竹节人配"兵器";可以给竹节人起名号,再刻上字;还可以用橡皮雕成脑袋给竹节人粘上,再做一套纸盔甲;甚至可以一边玩一边解说。

3. 游戏三：课本里的竹节人。

（1）亮相：试着模仿课文用竹节人摆出动作造型，比如：黑虎掏心、泰山压顶、双龙戏珠、大鹏展翅……

（2）打斗：摆出各自的竹节人进行打斗，被逼出打斗设定范围的竹节人为输家。

（3）画一画：画一画想象中的竹节人战斗的场面。

趣味汉字飞行棋

操 娜

游戏背景： 飞行棋是中国人的原创，是中国玩具公司生产的，据说是为了纪念二战时飞虎队的卓越功勋，飞行棋后来演变成一种竞技游戏，棋盘和棋子有四种颜色，棋盘上面画有飞机的图形，最多可以由四个人各选一种颜色一起玩。

游戏益处：

1. 充分锻炼学生的动手能力、思维能力。

2. 激发学生的想象力和启发学生的创新能力。

3. 让学生在游戏中识字、认字，寓教于乐，激发学生对汉字的热爱。

游戏对象： 中低年级学生。

游戏准备： 卡纸、直尺、勾线笔、彩笔、卡通棋子、骰子。

游戏步骤：

步骤一：制作飞行棋

学生小组合作，发挥自己的绘画、手工以及书法特长，自己动手制作各式飞行棋盘，可将主体设置为火车轨道、楼梯、蛇形等造型，也可以是简单的正方形、椭圆形、梯形等，还可以加上自己喜欢的卡通人物、花草树木等装饰图画，使整个画面显得美观，并在每一个关卡正确、工整地写好每一个生字，力求图文并茂，引人注目。

步骤二：畅玩飞行棋

学生可分2人组、3人组、4人组，建议不要少于2人，也不要多于4人，否则不好操作，分好组后，开始走棋。

走棋的学生每人选择一枚代表自己的卡通棋，通过掷骰子决定由谁先走，所掷数字最大的先走，然后以此类推。接着再由掷骰子来决定走的步数，如掷到1，那么就走一步，走到对应的汉字位置时，学生要准确地将汉字读出来，才能继续走，如不能则原地不动，让下一位同学开始走棋。

若走到有要求的关卡，如：念一首古诗，唱一首童谣，向前进三步，向后退三步，等等，则须按指令做出相应的动作，方可继续行进。谁最先到达终点则谁是获胜一方，其他人继续走棋，直到最后一人走到终点为止。

步骤三：评选最佳棋手

获胜棋手，由班主任颁发"最佳棋手"或"飞行棋小达人"奖状，并与班主任合影留念，成为班级同学竞相学习的"课间游戏小能手"。

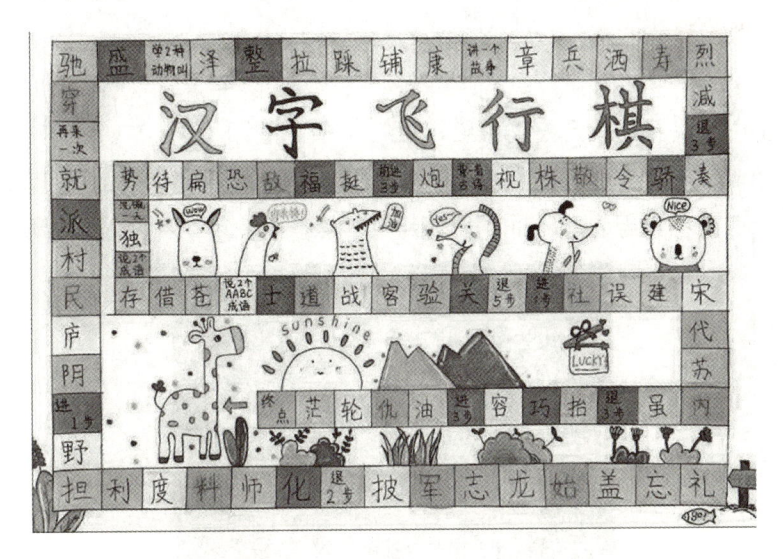

十二生肖大转盘

汤 雯

游戏背景：十二生肖是一种古老的中国民俗文化事象，凝聚了中华民族的智慧与对生活的期待，更是中华先民动物崇拜、图腾崇拜以及早期天文文化的结晶。

游戏益处：培养学生识字、积累成语的兴趣爱好。通过了解汉字的字源、学习汉字文化，不仅可以激发学生对中华优秀传统文化的热爱，还能让学生在寓教于乐的游戏中学会团队合作。

43

游戏对象： 中低年级学生。

游戏准备：

1. 字卡一套（甲骨文、隶书、小篆、楷书、行书五种字体的十二生肖字卡各一套）。

2. 绘有十二生肖图案的转盘一个。

3. 积分卡若干。

游戏步骤：

1. 游戏一。

①一名裁判，队员分成两组，每组3～4人。

②两组队员分别选派一名选手转动转盘，如转到"虎"的位置，就说出跟"虎"相关的成语，组员每答对一个获得一张积分卡，不能重复。

③裁判宣布积分卡多的小组获胜。

2. 游戏二。

①一名裁判，队员分成两组，每组3～4人。

②两组分别选派一名选手转动转盘，比如转到"虎"或"鸡"的位置，裁判宣布开始，两组同学分别在混乱的卡片中找出"虎"或"鸡"的5种字体，哪一组先聚齐5种字体即可获得积分卡一张。

③裁判宣布积分卡多的小组获胜。

趣味知识大串烧

吴晓珍

游戏背景： 将知识与小学生喜爱的跳房子、木头人、猜拳等游戏以及广播体操的相关动作融合在一起，旨在让小学生在轻松愉快的氛围中学习知识，让学习与锻炼完美结合。

游戏益处： 此游戏安全、文明，趣味性强，能缓解学生课堂上的疲劳，使学生在有趣的游戏中身心愉悦。

游戏对象： 1~6年级学生，两人一组，适合课间在教室走廊或上体育课时在操场上开展。此游戏不受时间限制，以截止时间位置领先者为获胜方。

游戏内容： 游戏内容以适合游戏者的年龄特征和认知能力为准，可以依据年级来设置相应的内容。可以是游戏者所在年级所学的课内知识（不限学科），也可以是课外知识（天文、地理、历史、大百科等）。如果游戏者为一、二年级小学生，可设置简单的动作，如"原地转两圈""做木头人30秒"等简单动作，知识方面可以是背儿歌、说拼音、组词语、造句子、答反义词、背古诗、口算、唱歌等；如果是五、六年级学生，可设置高抬腿、正步走等动作，知识方面也可相应增加难度。

游戏过程：

1. 游戏开始前进行分组，两名学生为一组。
2. 开始游戏。

两名小学生并列站在一起，面朝同一方向。通过猜拳游戏等方式确定首先发出指令的一方，随后双方轮流交换发出指令，依据指令完成的对错情况，选择"前进两格"或"后退一格"。游戏结束，所处位置领先者为获胜方。

以下是为一年级上学期小学生设置的游戏内容：

趣味知识大串烧

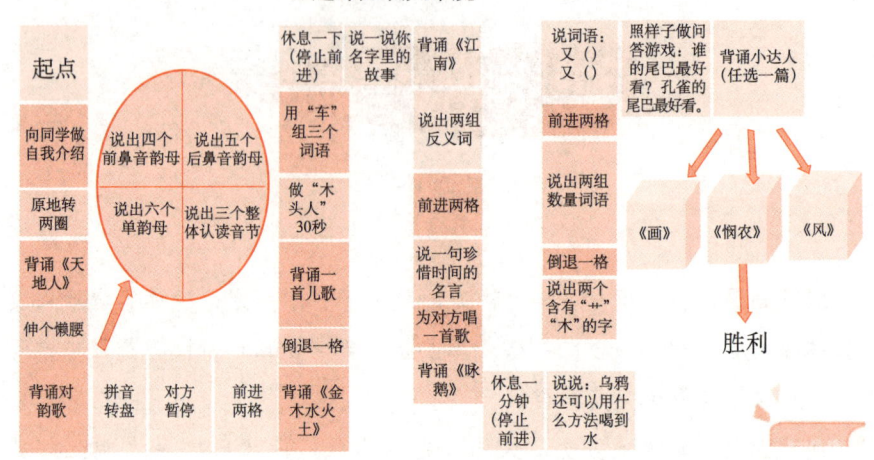

起点			休息一下（停止前进）	说一说你名字里的故事	背诵《江南》	说词语：又（）又（）	照样子做问答游戏：谁的尾巴最好看？孔雀的尾巴最好看。	背诵小达人（任选一篇）
向同学做自我介绍	说出四个前鼻音韵母	说出五个后鼻音韵母	用"车"组三个词语		说出两组反义词	前进两格		
原地转两圈	说出六个单韵母	说出三个整体认读音节	做"木头人"30秒		前进两格	说出两组数量词语	《画》 《悯农》 《风》	
背诵《天地人》			背诵一首儿歌		说一句珍惜时间的名言	倒退一格		
伸个懒腰			倒退一格		为对方唱一首歌	说出两个含有"艹""木"的字	胜利	
背诵对韵歌	拼音转盘	对方暂停	前进两格	背诵《金木水火土》	背诵《咏鹅》	休息一分钟（停止前进）	说说：乌鸦还可以用什么方法喝到水	

套圈识字游戏

程 琳

游戏介绍：

1. 通过趣味游戏认读字卡，感受文字游戏的乐趣。

2. 提高手眼协调能力。

游戏准备：

1. 若干字卡、部首卡片（部首可以重复）、字的部件的卡片、得分记录卡、礼品若干、大小适中的圈圈8个。

2. 将若干同学分成两队，记分员两位、小裁判两位。

游戏规则：

游戏可以设置成闯关形式，由易到难，寓教于乐。

第一关：眼疾手快（一年级放圈，二年级套圈）

可以多选几组学生参与。教师可以选择学生刚刚学过的生字或生字部首、部件做卡片，让学生放圈或套圈，认读圈中的生字，在游戏中积累字词。

第二关：卡片对对碰

胜出的小组参与第二关游戏，将含有部首（部首可以重复）和字的部件的卡片都铺在地上让学生套圈自由组合。

终极赛：连字成词

每队的同学们团队合作，将自己所在的队已经套中的卡片自由组合成字，再组成两字词语、三字词语、四字词语，请队中的一位同学将已组成的词语记下来。

游戏过程：

◆基本玩法：眼疾手快（一年级放圈，二年级套圈）

把参与游戏的学生分为甲乙两队（每队5人或者更多），游戏参与者都站在规定线外。将字卡铺在地上，字卡和字卡之间保持一定的距离，每队的同学都参与游戏，每个同学有4次放圈或套圈的机会。甲队的第一位同学把圈放在字卡上或套中字卡并说出字卡上字的正确读音，然后口头组词。甲队第一位同学结束游戏后，乙队的第一位同学接着放或者套4个圈，甲乙两队队员交替进行，各队的4个圈圈依次传给后一位同学，套中字卡的同学既要读出字卡上字的正确读音，还要能口头组词，小裁判裁定正确加一分，不正确不加分。两队游戏的得分各自累计记录。

◆聪明进阶：卡片对对碰（3~6年级）

把参与游戏的学生分为甲乙两队，游戏参与者都站在规定线外。将含有部首（部首可以重复）和字的部件的卡片都铺在地上，每个学生依然有4次套圈的机会，甲队套了4个圈，乙队接着套4个圈，甲乙两队队员交替进行，各队的4个圈圈依次传给后一位同学，要求套圈的同学每次套中两张卡片并能组成正确的字，小裁判裁定正确得两分，不正确不加分，可在第一轮游戏的基础上累加得分。

◆指点迷津：连字成词

要求每队的同学们团队合作，将自己所在的队已经套中的卡片自由组合成字，然后组成两字词语、三字词语、四字词语，请队中的一位同学将已组成的词语记下来，可重复组合，两字词语得两分，三字词语得三分，四字词语得四分，小裁判裁定正确，便可加分。

最后，三轮比赛得分最高的小队获胜，每位同学都可以获得礼品。

大风吹

孟 榛

游戏背景： 此游戏旨在锻炼学生的反应能力和注意力。游戏结合生字学习，能帮助学生加深对生字的了解与认识。

游戏益处： 此游戏能活跃思维，释放压力，同时可加深学生对各生字的印象。

游戏对象： 1～6年级学生，适合多人一起玩。

游戏准备： 若干生字卡片、椅子。

游戏步骤：

1. 十人为一组，手拿生字卡片围坐在一起，一人在中间主持。

2. 当主持人说"大风吹"，其他学生回应"吹什么"。

3. 主持人接着说出生字的部分特征，比如"吹三点水的字""吹笔画是十画的字""吹含'土'的字""吹表示动物的字"……手里所拿卡片上的生字符合主持人所说特征的同学要及时站起来。

4. 若注意力不集中，没有及时站起来，则需要上台表演一个小节目。

描述职业小游戏

钱凤平

游戏介绍： 这个小游戏旨在帮助学生了解各种职业，体会不同职业的特点。学生可以了解各个职业的服装、工具、工作内容以及所需技能，进而激发职业兴趣和梦想，如做一名医生、消防员、教师或者画家等。

游戏对象： 中低年级学生。

游戏准备： 有关职业的名词卡片、绘画、词条。

游戏步骤：

关卡一：教师把有关表示职业的绘画作品呈现出来，学生可以个人或者分组猜一猜作品所属职业，猜对有积分。如图1。

关卡二：教师将有关职业名词制成卡片，然后让一名同学到教室前面，面向同学，教师出示卡片给站在前面的同学，该同学通过表演与描述，让同学们猜出卡片上的名词。

图1

关卡三：根据职业关键词猜一猜职业。

此游戏可以用于小组竞赛，猜词正确且速度快的得分，积分高的为优胜组。

识字游戏大闯关

段小霞

游戏背景： 汉字是我们独有的文化符号，也是我们文明传播的载体与精神的图腾。汉字文化博大精深，自古以来，人们在娱乐、游戏时就喜欢以汉字为载体，设计各类文化含量丰富的游戏。汉字游戏既是对文字符号的活学活用，又体现了劳动人民的集体智慧。

识字是小学语文教学的重要任务。识字游戏可以巧妙地将识字与游戏相结合，降低识字难度，分解识字任务，做到多认少写，分步进行，逐步推进，提高识字的趣味性、灵活性、实效性，增强学生主动识字的意愿，调动学习的主动性、能动性，既体现了新课标提倡的鼓励学生在生活中识字、在语言情境中识字的新的教学理念，又可以让学生不疯不闹也能玩，玩出名堂，玩出文明。

游戏益处： 识字游戏多种多样，既可以作为课堂教学形式，又可以作为课间活动形式，愉悦身心，锻炼思维，培养能力，巩固识字。

游戏对象： 所有年级学生。

游戏种类： 常见的识字游戏有"我指你认""飞鸽传书""抽拉卡片变魔术""打识字扑克""词语接龙""一字开花""猜字谜"等等。

第一关："我指你认"

游戏准备： 十个左右的生字条或课本上的"会认字"。

游戏方法： 学生一个当小老师用手指指字，另一个大声地认读生字。认读完毕，交换进行。全对者获胜。

第二关："飞鸽传书"

游戏准备： 一些生字或生词卡片、短语卡片等。

游戏方法： 喊口令让学生休息，然后将卡片随机放进学生的抽屉。口令"准备"，学生坐正，游戏开始。抽屉里有卡片的同学走上讲台，大声地读出卡片上的内容并带领全班同学一起读。

第三关："抽拉卡片变魔术"

游戏准备： 可抽拉、翻转或折叠式生字、生词或句子卡片。

注意事项： 设计卡片时要以字带词，词带出短语，短语组成句子，让学生在认读中做到"字不离词、词不离句"，在语言环境中识字学词。

游戏方法： 将要认的生字，带生字的词语、短语、句子通过卡片的叠加和延展做成折叠式或翻转式抽拉卡片。识字时，老师像变魔术一样抽拉卡片，请学生认读，让学生识字、读词、读短语、读句子，由字到词到句，做到"字不离词、词不离句"，例如彩——彩色——彩色的气球——彩色的气球飞上瓦蓝瓦蓝的天空。思维不断进阶，难度不断加大，富有挑战性，加上卡片的翻转和抽拉富有变化，学生会很喜欢。

第四关："打识字扑克"

游戏准备： 用不同颜色的卡纸制作生字卡牌，可以在生字卡牌上手绘相关事物的图案，增加趣味性和丰富性。

游戏方法： 将所标生字能组成词语的卡牌分成两份或四份，分发到学生手中。学生手拿卡牌，就像打扑克一样发卡牌，采用石头剪刀布来决定发牌方，相对的一方要从自己手中找到能和发出的卡牌上的生字组成词语的卡牌，找不到或配不成词语的为输家，由对方再次发卡牌。如此循环往复。最后，谁手中的卡牌全部出完为获胜方。例如，我出一个"绿"，对方在自己的卡牌中找到"色"，拿出来大声说"我出一个色，绿色的色"。

注意事项： 游戏可以两人一组进行，也可以四人一组进行。

第五关："词语接龙"

游戏准备： 生词卡片。

游戏方法： 甲乙两位同学，可以通过石头剪刀布来决定游戏出场的先后顺序，然后进行词语接龙。例如，甲说"五湖四海"，乙接"海阔天空"等。谁接得最多谁就获胜。

第六关："一字开花"

游戏准备： 卡纸制作的生字花。

游戏方法： 甲乙两位同学，可以通过石头剪刀布来决定游戏出场的先后顺序。甲任选一朵喜欢的生字花，比如说"绿"，乙围绕"绿"组词，然后轮换进行，谁组的词语多谁为获胜方。也可举行小组比赛。

第七关:"猜字谜"

游戏准备：一些谜语书或字谜资料，根据资料提示选编一些难度适中的字谜制作灯谜挂在教室或走廊一角，也可以制作成小册子或者小卡片。

游戏方法：学生或老师根据汉字的结构和构字规律编写灯谜、字谜等。例如，左边绿，右边红，左右相遇起凉风；绿的喜欢及时雨，红的最怕水来攻。答案是：秋。一人说"谜面"，一人猜"谜底"，可交换进行。字谜的制作要贴近生活，符合汉字构造特点。

第八关:"找朋友"

游戏准备：可以相互组成词语的生字卡片两套。

游戏方法：两套卡片，一套分发给学生，一套老师拿在手上。老师问："我是绿，我的朋友在哪里？"拿到"色"字的学生赶紧跑上讲台和老师站在一起，大声说："我是色，绿色的色。你的朋友在这里！"同时带领全班齐读。也可以学生和学生一起玩。

第九关:"玩魔方"

游戏准备：找一个正方形的空纸盒制作成一个彩色的魔方，可以涂上不同的颜色，这样更为逼真。魔方的每一面都写上汉字。

游戏方法：游戏时一方转动魔方，另一方快速认读正对自己的那一面的字。全部读对者获胜。

第十关:"翻猪脚"

游戏准备：用白纸制作可以翻折的小手工"猪脚"，然后在"猪脚"内侧面写上想让同伴认读的生字。

游戏方法：把生字写在折纸"猪脚"内侧面上，通过手指的一开一合让学生认读生字。全对者胜。

我的耳朵最灵敏

高 杰

游戏背景：经过长期的教学实践观察，教师发现小学生的课堂专注力普遍不足。通过游戏训练，可以使小学生学会如何认真听、仔细听，提高学生的专注力。

游戏益处： 锻炼学生的专注力，让学生能够做到仔细倾听，集中注意力。

游戏对象： 三四年级学生。

游戏准备：

1. 几组词语，可以做成PPT，投放在大屏幕上。

2. 选一位主持人。

游戏过程：

1. 主持人宣布游戏开始。

2. 主持人问："谁的耳朵最灵敏？"

参与游戏的学生回答："我的耳朵最灵敏。"

3. 主持人读题，参与游戏的学生在听到题目后，迅速坐端正，准备答题。

4. 主持人朗读一组词语，参与游戏的学生在听到符合要求的正确词语后，做出题目要求的相应动作。

游戏举例：

听到水果请拍手

- 铅笔　苹果　太阳　课桌
- 西瓜　天气　教室　椅子
- 衣服　香蕉　课桌　楼房
- 电脑　飞机　番茄　橘子
- 大树　草莓　风筝　柠檬
- 济南　青蛙　芒果　包子

奖励措施： 连续6组词语都能做出正确反应，即为挑战成功。获胜之后，可获得由主持人授予的"金耳朵"荣誉称号。

"石头剪刀布"游戏之升级版

胡编辑

游戏背景："石头剪刀布"是一个传统古老的猜拳游戏，能在锻炼手部动作能力的同时，锻炼观察能力及应变能力，促进感知觉的协调性和敏锐性。本游戏将传统猜拳游戏与体育活动、语文活动相结合，从手部锻炼发展到下肢跳跃、跨步活动，是名副其实的"石头剪刀布"游戏的升级版。

游戏益处：做到了趣味游戏、体育活动、语言积累三者的结合，有利于学生的身体健康和知识积累，有助于学生身体协调性、平衡力的发展，提升学生的观察能力及应变能力。

游戏对象：所有年级学生。

游戏准备：积累成语，成语接龙等练习。

游戏步骤：

游戏一：心有灵犀

两人面对面站立，玩"石头剪刀布"猜拳游戏，胜出者一边喊"石头剪刀布"，一边双脚同时腾空跳起三次，双脚落地时做出脚部"石头剪刀布"（两脚并拢为"石头"，两脚一前一后为"剪刀"，两脚张开为"布"）中的任何一种动作，在跳起落地当中可做假动作迷惑对方。另一方则须观察对方脚部动作的变化，在他第三次双脚落地时，双脚要做出与之相同的动作，如果与之动作不同就输了。输的一方需要自己进行成语接龙，三个即可（如鼠目寸光——光明正大——大海捞针）。至此，一轮游戏结束，继续下一轮游戏。如果动作相同，则挑战成功，双方互换角色进行下一轮游戏。

游戏二：步步为营

1. 两人面对面站立，两脚一前一后，脚尖抵脚跟。双方前脚脚尖互顶。

2. 以一人说"步步为营"为开头，双方进行 AABC 式成语接龙比赛，同时保持姿势不动，在说成语的过程中，谁先接不上成语或身体发生摇晃就输了。

3. 胜利方前脚后退，退至脚尖抵住另一只脚的脚跟。这样，该同学两只脚的前后位置已经互换。

4. 输的一方则前脚向前移动至脚尖顶到对方前脚的脚尖，另一只脚不得移动，然后接着玩游戏。如果双方输赢没有改变，胜方前脚一直后退（一次退一步），输的一方前脚就得一直向前移动，后脚始终在原地不得移动，直到做出类似于劈叉的动作再也无法前进，即决出胜败，游戏结束，可重新开始下一轮游戏。如果胜败状况发生改变，双方即互换角色前移或后退。

（在游戏过程中，每一轮都以"步步为营"为开头进行 AABC 式成语接龙。）

编花篮

万 青

游戏背景： 1960 年，中央人民广播电台首播歌曲《编花篮》，与此同时，游戏"编花篮"也开始盛行。出生于 20 世纪 80 年代的人，小时候经常玩的传统民间游戏有很多，其中"编花篮"游戏趣味性强，操作简单，能培养玩伴之间的感情。和谐、热烈的游戏常常引来许多人驻足观看。

游戏益处： "编花篮"游戏不用什么道具，操作简单，趣味性强，不仅能锻炼单腿站立、单脚跳跃的能力，还可以培养学生的协作能力，有助于锻炼学生的体力、耐力和毅力。

游戏对象： 中高年级学生。

游戏准备： 一块平坦的场地。

游戏规则：

1. 参加游戏的人数在三人以上。

2. 若有一个小孩双脚着地了，游戏必须重新开始。

游戏玩法：

1. 学生们先手拉手站好，其中一名学生抬起自己的一条腿放在两个学生拉起的手臂上，单腿站立，然后，其余学生依次抬起自己的一条腿放在另一个学生的腿上，所有学生将腿搭好。

2. 开始游戏，孩子们一边单腿跳一边唱儿歌。"编花篮"游戏不讲输赢，只为好玩，可以两人做，也可以多人做。两个人做过于简单，不美观；三个人做过于紧凑，腿也不舒服；四个人做松紧适度，恰到好处；五个人以上做，"花篮"就显得松散，容易散开。

3. 游戏歌谣：

编，编，编花篮，花篮里面有小孩，小孩的名字叫花篮。

站得稳，跳得齐。马兰花开二十一，二五六二五七，

二八二九三十一；三五六三五七，三八三九四十一；

……九五六九五七，九八九九一百一。

大家一起按一个方向单脚跳，边跳边唱。游戏的目的就是大家齐心协力，彼此配合，不要出现失误，直到儿歌唱完（唱到一百一）。

可以男女生分两组一起"编花篮"，比一比哪一组同学能坚持单脚跳完游戏，坚持"编花篮"时间最长的一组获胜。

听写消消乐

方傲格

游戏背景：曾经风靡一时的"消消乐"游戏，因其简洁明了的规则、富有层次的挑战关卡、悦耳炫目的声画效果，深受大家喜爱。"消消乐"作为一款休闲益智游戏，在使人们身心得到放松的同时，也锻炼和提高了人们的思维能力。

游戏益处：人们常说"温故而知新"，字词是语文学习的基础，而字词的学习在于反复巩固。课间游戏"听写消消乐"既满足了学生对字词复

习的需要，也唤醒了学生们的学习乐趣，寓教于乐。

游戏对象：1～6年级学生。

游戏准备：钢笔、听写本、彩笔。

游戏步骤：

1. 学生先在听写本上画好4×4的16宫格。

2. 老师准备16个易错词语进行听写，学生可以在16宫格内任意安排词语的位置。

3. 前十名完成的学生，可以获得批改权，作为"小老师"批改其他同学的听写作业。

4. 批改完成后，听写全对的同学，可以随机选择一个"幸运词语"，全班学生在听写本上用彩笔标注"幸运词语"的位置。

5. 只要有4个词语成功连成一条线，横线、竖线、斜线均可，并且连成线的词语均书写正确，就算获胜！获胜同学可以获得小奖励，并且在下次听写时可以选择一个词语给全班学生报听写。

奇趣无限，玩转语文"桌游"

赵 佳

游戏背景：小学阶段是学生汉字、词语学习的初级阶段。在这一阶段，要充分培养学生的学习兴趣，为日后的学习打好坚实的基础。针对小学生的年龄特点和他们喜爱的课间游戏方式，我们大胆地尝试将语文学科学习与课间游戏有效衔接，通过课间游戏与汉字、词语的整合来提高小学生的学习兴趣，真正做到在玩中学、在学中玩。

游戏益处：

1. 集中注意力，提高表达能力。

2. 训练学生的团队合作能力。

3. 在玩中学，在积累成语的同时享受学习的乐趣。

游戏一： 玩转字典

游戏对象： 中高年级学生。

游戏准备： 2支笔、2张白纸、秒表。

人员设置： 分为两组，每组不超过4名学生，1名裁判员，1名计时员。

游戏步骤：

1. 请一位同学担任裁判员，出示一个拼音，如wen，然后问："你知道这个读音的哪些字呢？"

2. 裁判员开始倒计时（1分钟）。

3. 两个小组的成员在各自的纸上工工整整地书写出带有这个拼音的生字。例如，甲组同学写的生字是：雯、闻、问、蚊、文、纹、温、吻；乙组同学写的生字是：文、蚊、雯、闻、问、温、吻。

4. 时间到，哪个小组写出的符合这一要求的生字更多就胜出，反之，就算输。

游戏二： 趣猜成语

游戏对象： 中高年级学生。

游戏准备： 积分卡若干、成语若干、自制骰子（骰子六面分别是：唇语、表演、描述、积分卡、炸弹、粘贴卡）。

人员设置： 分为两组，每组不超过4名学生，1名裁判员，1名积分员（发积分卡）。

游戏步骤：

1. 小组成员派选手划拳，看哪一个小组先掷骰子。

2. 请一位同学担任裁判员，在纸上写出一个成语。

3. 掷到哪一面就用哪一面所述的方式去表达这个成语，其他小组成员根据选手的演绎去猜成语，猜对的小组就可以获得一张积分卡。

例如，出示成语"顶天立地"。如果掷到的是唇语，就尽量用口型去表达"顶天立地"四个字；如果掷到的是表演，就用肢体语言去表达成语的意思；如果掷到的是描述，就用语言去表达成语的意思；如果掷到的是积分卡，就可以直接领取一张积分卡；如果掷到的是炸弹，就要没收一张积分卡；如果掷到的是粘贴卡，就可以从对方手里获取一张积分卡。

4. 小组成员轮流掷完骰子后，哪个小组获得的积分卡更多就胜出，反之，就算输。

我是大侦探

卢 雨

游戏背景： 此游戏对同学们的课内外阅读量有较高要求，需要对阅读过的作品中的人物有较深的印象，还能用恰当的词语描述人物的特点。游戏将学生的课内外阅读、观察实践和口头表达相结合，旨在让学生在轻松愉快的氛围中调动各种生活及阅读体验，即时训练口头表达能力。

游戏益处： 此游戏考察同学们对身边老师和同学的了解，能加深同学之间的熟悉程度，还与课本中要写的两篇习作"猜猜他是谁"和"身边那些有特点的人"联系紧密，为习作提供素材。此游戏还能平衡左右脑，提高大脑思维速度和综合应变能力。

游戏对象： 中高年级学生（8人）。

游戏准备： 马克笔、素描纸、彩带。

游戏步骤：

1. 4人一组，分为AB两组比赛。

2. 每组写出5个同学们熟悉的人名，可以是同学、老师，也可以是书中学过或看过的人物，制作人名卡片。

3. 两个小组分别派出一位代表猜对方小组卡片上所写的人物名字，每组剩下的3人则为另一组提供与人物相关的线索。

4. 做代表的同学把人名卡片绑在头上，向另一组的3人提问，如"是身边的人还是书中人物？"这样与人物特点相关的问题，提供线索的小组在描述特征时尽量模糊线索，比如描述孙悟空是"爱穿裙子的保镖"，7分钟内猜对人名多的一组获胜，小组成员获"大侦探"称号。

字典翻画乐

孙珮银

游戏介绍：此游戏让学生们翻阅字典查找生字，以造句、编小故事等形式来锻炼表达能力，还可以用汉字装饰生活中的物品，体会汉字之美，培养孩子的审美能力。

游戏准备：

1. 字典。
2. 图画纸、彩笔、铅笔、毛笔等。

游戏对象：3~6年级学生。

游戏步骤：

玩法一

12个学生通过抽签分成2个队伍，每个队伍各选出一个学生，闭上眼睛，随便翻开字典的一页，在那一页中选择一个字，梳理内心对于那个字的想法，把想法写成一句话。剩下的几个学生依次按照第一个学生的方式去做，最后一个学生将这些句子组成完整的一段话，语句通顺流畅的一方为获胜方。

玩法二

翻开字典的任何一页，选择一个字，用字或者字的偏旁部首与相关事物结合来画画，画成艺术字。例如，将字重复且有规律地写在平时喝水的纸杯上，装饰纸杯；将字画在纸上，做成对称的装饰剪纸，贴在纸糊的灯上做成装饰台灯；用毛笔将字均匀地写在花草纸上，将其做成本子的封面。

汉字 yes or no

张肖雪

游戏背景：在学生掌握字词的结构、拼音、音序、部首、构字规律的基础上，以趣味游戏的形式，考查学生对汉字信息的全面了解，提升对汉字的敏感度。

游戏益处：在趣味游戏情景中，帮助学生全面了解汉字信息，同时也锻炼学生的专注度和反应力，并调动学生的身体参与，在动中玩、玩中学。

游戏对象：1~6年级学生，不限人数。

游戏准备：

1. 生字、词语卡片若干。

2. 将空地划分为2个区域："yes"区域和"no"区域。

游戏步骤：

1. 学生先集中站在"yes 区域"和"no 区域"的中间，每人领取一个汉字。

2. 开始游戏。第一轮，学生拿到汉字卡片后，快速看清自己的汉字，随后手持汉字卡片，放于胸前，便于让其他同学和老师看清。随后，老师提出问题，如：yes or no，yes or no，左右结构，yes or no！学生根据自己领取的汉字做出判断，若领取的汉字是左右结构则站到"yes 区域"，若不是则站到"no 区域"，站错区域的学生即被淘汰。

3. 第二轮，第一轮成功过关的学生快速回到中心区域，随后，老师提出问题，如：yes or no，yes or no，前鼻音，yes or no！学生快速做出判断，若领取的汉字是前鼻音则站到"yes 区域"，若不是则站到"no 区域"，站错区域的学生即被淘汰。

4. 第三轮，第二轮成功过关的学生快速回到中心区域，随后，老师提出问题，如：yes or no，yes or no，表示动作，yes or no！学生快速做出判断，规则同上。

5. 第四轮、第五轮……（老师可以考查汉字的结构、拼音、音序、部首、构字规律等）

6. 选出最后的胜利者，并颁发小奖品。同时，鼓励所有学生积极参与游戏，在游戏中学习巩固汉字知识。

语文课间游戏

姜沛源

游戏一：趣味拼音魔方

游戏背景： 孩子的天性永远都是活泼好动的，而拼音学习是枯燥无味的，时间久了，孩子们的学习热情就会减退。

游戏益处： 利用课间休息时间让学生既学又玩。

游戏对象： 1～2年级学生。

游戏准备： 制作一个普通的小盒子，每一面贴上尺寸大小差不多的白纸，把汉语拼音写上去。

游戏步骤：

1. 以四人小组为单位，每人轮流做魔方，贴上不同的拼音声母。比如这次你贴 b、p、m、f，下次他贴 d、t、n、l，再下次就贴 g、k、h，按照学习的进度大家轮流制作。

2. 再做一个声调魔方，一个韵母魔方，这样就可以练习拼音了！

游戏二：趣味词语连线

游戏规则：

1. 一个学生说 AABB、AABC 或者其他形式，其他学生说出相对应的词语。

2. 一个学生说描写四季的词语、描写颜色的词语或者描写其他事物的词语，其他学生抢答对应的词语。

游戏三：连词成句

游戏规则：

1. 将小朋友分成三组。

2. 第一组每人在纸条上写上一个名称（可以是人名、动物名、小说名

或动画片名等）

3. 第二组每人在纸条上写上一个地点（任何地方都行，比如：火星上、厕所里、教室里、树上、河里、天上、鸡窝里、动物园里、珠穆朗玛峰上……）

4. 第三组每人在纸条上写上做什么（任何事都行，比如：吃饭、跳舞、微笑、打扫卫生、睡觉、洗澡、飞、减肥、跑步、种树……）

5. 写好后将三组纸条收上来，分别放好。

6. 请学生从每组抽一张纸条，用"某某（名称）在某某（地点）某某（做什么）"的句式连起来读。例如："奥特曼在动物园里跳舞。"

词语炸弹

张曼琦

游戏介绍：

1. 在游戏过程中，让学生熟悉词语，训练其专注力并鼓励创意发挥，集思广益，提高识字效率和熟练使用词语的能力。

2. 随时随地可以玩，简单易操作，参与度高。

游戏准备： 10人为一组，每组学生自行选择40~50个词语（可以为当节课的字词）。

游戏规则：

1. 在50个词语范围内，确定一个隐藏词语为"炸弹"，谁猜中这个"炸弹"则在游戏结束后进行才艺展示。

2. 词语必须在所给范围内，如超出范围则视为失败，退出比赛，在游戏结束后进行才艺展示。

游戏过程：

1. 在纸上写下提前准备好的词语，并由主持人确定好"炸弹"词语。

2. 请学生"开火车"，每位站起来的同学在准备好的词语之中选择一个，没有踩到"炸弹"的同学可坐下，踩中"炸弹"的同学等待游戏结束后进行才艺展示。

3. 主持人会进行提示，踩中"炸弹"时，会对学生说"炸弹"。

古诗"炸弹"

冯慧玲

游戏介绍：此游戏能规范学生们的课间行为，活动形式健康、安全。游戏将古诗词的背诵融进团体活动中，让学生们在轻松、和谐、友爱的氛围中背诵古诗词，感受古诗词的文化韵味。

游戏中，竞争小组彼此之间相互出题答题，在不会的情况下可以求助其他学生。整个活动人人参与，参与者既是裁判也是选手，既考验个人能力也考验团队协作意识。

游戏准备：学过的古诗词、求助卡若干张，20名学生。

游戏规则：分初赛和决赛，初赛得分高者进入决赛。每个环节的游戏时间为5分钟。

游戏过程：

1. 分组。

分4个组，每组5人，编为A组、B组、C组、D组。

2. 初赛。

抽签完成后，A组与B组对决，C组与D组对决。

每轮游戏确定一个"炸弹"，可以是数字、植物、动物等。

第一步：A组说古诗标题，B组队长大声背诵古诗，背到"炸弹"的时候，B组全体同学要起立，看看谁的反应快。背诵准确无误则加10分，否则不加分；如有一个同学没有起立，则扣1分。时间为5分钟。

第二步：B组说古诗标题，A组队长大声背诵古诗，背到"炸弹"的时候，A组全体同学要起立，看看谁的反应快。背诵准确无误则加10分；

否则不加分，如有一个同学没有起立，则扣 1 分。时间为 5 分钟。

举例：如果"炸弹"是数字，当诗句为"三万里河东入海，五千仞岳上摩天"时，相关队员就要站起两次。

3. 决赛。

初赛获胜的两组参加决赛，步骤和要求同初赛，得分高者为冠军。

蔬菜水果大冒险

鲁成思

游戏背景： 这个游戏把运动和词语、成语、古诗融合起来，旨在让小学生在轻松愉快的氛围中调动各种感官，锻炼反应能力和提高记忆力，开发智力。

游戏益处： 让学生在有限的时间和空间里，舒展身体，锻炼反应能力，放松心情。

游戏对象： 3~6 年级学生。

游戏规则：

1. 游戏人数：2 名裁判员，5 人一组，分两组同时进行。

2. 胜利条件：五局三胜。

游戏步骤：

1. 游戏者共同讨论游戏主题（以下步骤以水果类为例）。

2. 第一个学生开始说，比如说"大西瓜"，就必须双脚并拢、双手贴裤缝向上跳起。

3. 第二个学生接着说，比如说"小桃子"，就必须双脚张开、双手打开向上跳起。

4. 下一位学生要和上一位学生说的东西大小相反且内容不重复。

5. 如自己说错或做错动作，须说出与上一位学生提到的水果颜色相关的正确成语或诗句，即可跳过自己的环节，下一位同学继续进行游戏。

6. 小组所有同学完成任务形成闭环，即为一局。先完成小组此局获胜。

正话反说

史 丽

游戏背景：此游戏可激发学生积累词语的兴趣，扩大词汇量，训练其反应力和专注力，培养合作意识和规则意识，让学生在玩中学、学中玩，寓教于乐。事实证明，课间游戏"正话反说"，学生感兴趣，游戏效果好，是课间最受欢迎的游戏之一。

游戏准备：

准备三字词语、四字词语、五字词语卡片各一组，每组词语4~6个。卡片一面写正话，如"红太阳"，一面写反话，如"阳太红"，便于游戏操作。

游戏益处：此游戏可以丰富学生的汉语词汇量，训练学生的反应力和专注力，培养学生的倾听能力和合作意识以及规则意识，增进同学间的友谊。

游戏对象：三、四年级学生。低年级学生可降低难度进行，高年级学生可增加难度。

游戏场地：室内、室外均可。

游戏过程：

1. 分组。课间，学生自由组合，每8人为一组，其中1人负责出题，1人当裁判，6人参与答题。参与者站成纵向队列，教师或负责出题的学生站在队列前面，裁判站在队列旁边。

2. 游戏开始。第一关：教师或出题的学生面向参与学生出题，如"红太阳"，站在队列最前面的学生正话反说，回答"阳太红"，则该同学回答正确，得1分，然后站到队列的最后继续参与；若回答错误，则直接淘汰，站在旁边当文明观众。本组轮流回答挑战三字词语过关，记好自己的得分。

第二关：加大难度，使用四字词语，如"花红柳绿"。反说正确得 1 分，累计第一关得分。完成 5 组四字词语，进入第三关。

第三关：难度升级，出题人出示五字词语，如"庐山真面目"，反说正确得 1 分，累计得分。如果上课了，下一个课间可继续游戏。最终得分高者胜出。

3. 抽奖。获胜者，获取抽奖资格。奖项包括当一天值日班长等。

词语库

三字词语，6 个词语为一组，如：
①沉甸甸　红彤彤　香喷喷　红太阳　拖地板　擦黑板
②吃海鲜　洗衣服　写作业　摘苹果　及时雨　座上宾
③东道主　绊脚石　耳边风　阳关道　多面手　定心丸

四字词语，5 个词语为一组，如：
①天寒地冻　四季如春　花红柳绿　柳暗花明　掩耳盗铃
②山清水秀　鸟语花香　高瞻远瞩　左顾右盼　调兵遣将
③鼠目寸光　守株待兔　牛毛细雨　亡羊补牢　闻鸡起舞

五字词语，每 4 个词语为一组，如：
①庐山真面目　更上一层楼　一去不复返　民以食为天
②枪打出头鸟　大眼瞪小眼　空手套白狼　老牛拉破车
③人不可貌相　千里送鹅毛　虎父无犬子　快刀斩乱麻

快乐桌游

李　锂

游戏背景：《义务教育语文课程标准（2022 年版）》要求 1~2 年级学生喜欢学习汉字，有主动识字的愿望，能借助汉语拼音认读汉字。运用"词汇类桌游"方式，建立游戏与学习字词之间的桥梁，能帮助学生在游戏中认读、识记、运用字词。此游戏简单有趣、互动性强，具有可自主设计、可修改、可反复运用、可推广等多种优点。

游戏益处：

1. 在游戏中理解、识记、运用字词，富有趣味性。

2. 巩固记忆课内字词，拓展课外字词，在游戏中复现字词，加深记忆。

3. 拼音和词语相结合，图文并茂，在游戏中触发多感官记忆。

4. 游戏前的合作制作或涂色，有利于培养合作意识、团队精神，增进同学感情。

游戏对象： 一年级学生。

游戏准备：

1. 制作骰子的方案和材料。

2. 制作桌游的方案和材料。

游戏步骤：

1. 制作骰子。可以根据图1进行手工制作，也可以用其他方式自主制作。

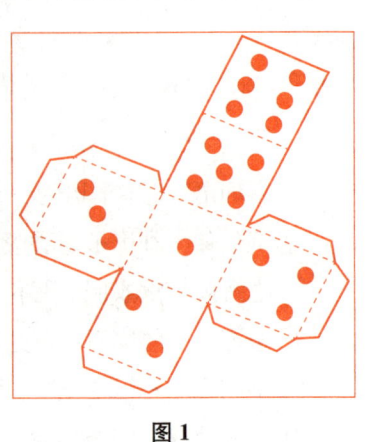

2. 制作手绘桌游。可以按照图2和图3进行空白模板自主书写和绘画，制作手绘桌游。

3. 玩家合作涂色，完成图3彩色版桌游。

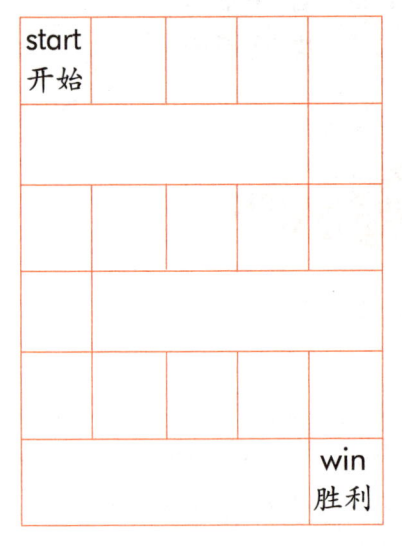

图1

图2

图3

4. 玩家各执不同颜色的棋子在起点处准备"开始"游戏。

5. 玩家通过交替投掷骰子（如图4），按照骰子上的数字和棋盘上的路径行棋。如棋子落在"往前走三步""回到开始"等特殊格子里，则按照特殊规则行棋。先到达终点的玩家获得胜利。

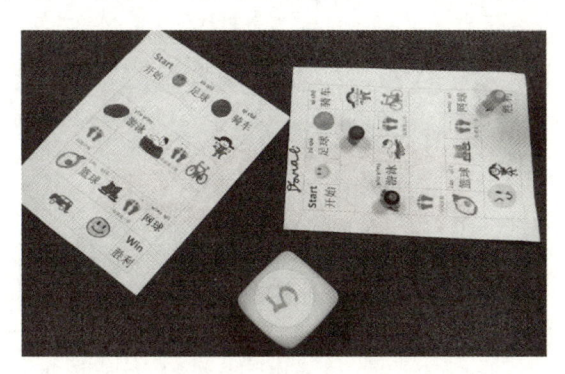

图 4

一穿而过

贺 梅

游戏目的：锻炼学生的身体协调能力、反应能力，培养学生的合作能力，增进班级凝聚力。同时，通过寓教于乐的方式，拓展学生的诗词积累量，激发他们对传统诗词的热爱。

游戏准备：一个呼啦圈，游戏者若干。

游戏规则：

1. 学生分成两队，每队人数相同，各队在规定的场地内站成一排，并且手拉手。

2. 排头同学将呼啦圈套在自己身上。

3. 排头同学将呼啦圈传给下一个同学，让呼啦圈经过每个人。

4. 如果呼啦圈中途掉落，则游戏立刻中止，掉落的队伍可以认输，也可以选择"复活秘籍"——秘籍一：在10秒内完成由对方出的飞花令三句；秘籍二：在 10 秒内完成三句诗词接龙。顺利完成一项即复活成功。

5. 如复活成功，则游戏继续，单位时间内最快将呼啦圈传到队尾的队伍获胜。

注意事项：传呼啦圈时，不能将手松开；呼啦圈必须经过手臂、头、脚，再传给第二个人。

有黏性的胳膊

刘梓晗

游戏背景：语文课在学习词句段运用的时候，老师时常都会碰到这样难堪的局面——老师在黑板前认真地讲解，下面的学生却显得无精打采。其实这是我们课堂中很常见的场景，说明学生对于老师的教学模式非常熟悉了，时间一长，自然而然地就会感到单调。这个时候，老师就应该想想办法，改变这种被动局面。

这个游戏，就是为了改变这种被动局面而精心设计的。

游戏益处：

1. 激发学生学习词句段的兴趣。

2. 提高学生专注力。

游戏对象：4~6 年级学生。

游戏准备：

1. 将课堂所学的词句段做成卡片。

2. 划定安全区。

游戏规则：

1. 游戏开始前，老师先指定一个词句段句型和一块安全区。

2. 游戏开始后，所有参加游戏的同学都抓住指定的一位同学的胳膊，仔细听他说的每一句话。

3. 如果他说的是符合要求的词句段句型，大家就松开手尽快跑到安全区，并且躲避他的追捕。

4. 如果他说的不是符合要求的词句段句型，而是类似的错误句子，这时，没甄别出来并松开手的同学就失去了继续做游戏的资格。

5. 重复做游戏，看谁的反应最快，错误最少。

游戏效果： 进一步规范了学生们的课间行为，创造了更健康、安全的活动形式。同时，将语文词句段的学习与运用融入游戏中，能让学生们在轻松、和谐、友爱的氛围中进行语文句子练习，激发学习兴趣。

天气预报

廖卫华

游戏目的： 培养学生的语言组织能力，考验学生的专注力、反应能力、手脚协调能力等。

游戏准备： 轮流或选择一名同学当"天气预报员"，其他同学坐好。

游戏规则：

1. "天气预报员"播报天气，提到天气时要按要求做动作，动作要求如下：小雨（拍一下手）、中雨（拍两下手）、大雨（拍两下大腿）、暴风雨（跺两下脚）。

2. 同学之间相互监督，做错的同学起立且不再参与，全部同学起立则游戏结束。在游戏过程中"天气预报员"可自行调整语速，增加难度。

游戏步骤：

1. "天气预报员"播报天气，由易到难，如小雨、中雨、大雨、暴雨、中雨、小雨……提到天气时所有同学要按要求做动作。

2. "天气预报员"开始播报天气（随机播报增加难度）："有一天，天空乌云密布，突然一道闪电划过，小雨下了起来，小雨变成了中雨，中雨变成了大雨，大雨变成了暴风雨。雨慢慢变小，大雨、小雨。雨被施了魔法，开始乱下！大雨、小雨、暴风雨……"

3. 同学之间相互监督，做错的同学起立且不再玩，全部同学起立则游戏结束。在游戏过程中"天气预报员"可自行调整语速，增加难度。

头脑风暴

黄 娅

游戏背景：此游戏设置不同的关卡来检验学生的词语积累量，旨在让小学生在轻松愉快的氛围中提高学习语文的兴趣。

游戏益处：帮助学生掌握积累成语等知识的方法，提高学习语文的兴趣。通过竞赛活动，培养思维活跃、反应敏捷的学习品质，以及竞争意识和协作精神。

游戏对象：3~6年级学生，6人或是更多人均可以一起玩，不受时间和空间限制。

游戏准备：相关成语类题目，一个抢答铃。

游戏步骤：6人自由组成一个小组。1名同学担任主持人，1名同学担任记分员，4名同学作为竞争对手。

第一轮比赛：成语竞赛

游戏规则：兴趣是最好的老师，而创设最佳的游戏竞赛情境，有利于激发学生的学习兴趣，唤起学生发自内心的学习愿望，使他们入情入境，主动参与学习。主持人负责出题，4名同学抢答，谁最先按响抢答铃，谁就可以答题。记分员负责计分，答对一题加1分。

游戏展示：

1. 填空热身赛。

势如（破）竹，笔走龙（蛇），故弄（玄）（虚），（阳）奉阴违

2. 类别竞赛。

1) 巧填人体部位。

例如：（1）（头）（头）是道；（2）焦头烂（额）；（3）另（眼）相看；

（4）扬（眉）吐气；（5）千钧一（发）；（6）掩（耳）盗铃；（7）嗤之以（鼻）；（8）摇（头）摆尾；（9）唇（齿）相依；（10）瞠（目）结（舌）；（11）劈头盖（脸）；（12）三头六（臂）；（13）一（手）遮天；（14）了如指（掌）；（15）口蜜（腹）剑；（16）感人（肺）腑；（17）铁石心（肠）；（18）（肝）胆相照；（19）集（腋）成裘；（20）卑躬屈（膝）。

2）按要求说成语。

①要求每个成语中有一组近义词或反义词。例如：出生入死，生和死是一组反义词；天长地久，长和久是一组近义词。②说出含有"月""人"等的成语。

3. 成语接龙。

①4人谁先抢到铃，谁来开头，由自己定一个字或字音开头，进行成语接龙，可以用谐音接龙。其他同学都可以接龙，接对一个成语得1分。如果五秒之内接不上，则开始扣分，这样可以激发学生的竞争意识。②由主持人指定一个字，4人抢铃进行成语接龙，能接上的加1分。若没有成语能接上，主持人换一个字再开始。

奖励措施： 活动结束，主持人根据积分结果，为优胜同学颁奖。成功晋级的同学可以参加全班的语文知识竞赛。

心有灵犀——成语趣味闯关

雷 婷

游戏介绍：语文新课标指出，要引导学生热爱国家通用语言文字，在真实的语言运用情境中，通过积极的语言实践，积累语言经验，体会语言文字的特点和运用规律。游戏是小学生所喜爱的活动方式，中高年级小学生已有一定的成语积累，有相当的成语理解能力，"心有灵犀——成语趣味闯关"这个游戏就是引导学生在感兴趣的游戏活动中，积累成语，理解成语，运用成语，从而产生对祖国语言文字的积极情感，热爱语文。

游戏对象：中高年级学生，一轮3人或5人。

游戏准备：

1. 成语词卡若干。

2. 将学生分成两组。

游戏规则：

1. 每轮游戏由5人参加，每轮由1人抽题，剩余4人分成两组，每组1人比画，1人猜。

2. 每轮限时60秒。

3. 猜词过程中，比画的人不许说出词卡中包含的任何字，不能描述某个字的读音、写法或英文，否则该词卡作废。

4. 猜词的人不可以转过头看词卡，否则该词卡作废。

5. 台下的观众不能提醒。

6. 猜不出的可以喊"过"，每轮只能喊3次"过"。

7. 以猜中成语的多少决定最终胜负。

游戏过程：

小组赛

1. 将班级学生按座位分成A、B两大组，使每组人数尽量相同。

2. 开始游戏。大组按4人一组分成若干小组，每小组各发一套以课内成语为主的成语词卡。

3. 确定分工，1人抽词卡，1人比画，2人猜成语。答题时间60秒。

4. 猜不出成语的可以喊"过"，每轮只能喊3次"过"。

5. 按照规则，猜中成语数量多者胜出，然后参与大组的优胜者选拔赛。

选拔赛

1. 每小组胜出的同学与比画者组成搭档，参与选拔赛。

2. 开始游戏。指定一人负责抽词卡，小组搭档依次参加挑战，1人比画，1人猜成语（依然以课内成语为主）。答题时间60秒。

3. 猜不出成语的可以喊"过"，每轮只能喊3次"过"。

4. 60秒后，一个小组挑战结束，记下猜中成语的数量。下一小组继续上述步骤，完成60秒挑战赛。

5. 其他小组以此类推。

6. 根据统计，猜中成语数量多者胜出，代表本大组参加冠军争夺赛。

7. 如有平局，可设加时赛，直至选出优胜者。

冠军争夺赛

1. A、B两大组各自获胜的搭档参加冠军争夺赛，班级另外指定1人抽词卡（可拓展课外成语）。

2. 开始游戏。游戏延续选拔赛赛制，两组代表依次完成挑战。

3. A组上场，1人比画、1人猜成语，计时60秒。

4. 猜不出成语的可以喊"过"，每轮只能喊3次"过"。

5. A组挑战结束，B组二人上场，一人比画一人猜，计时60秒。

6. 游戏结束，统计两组猜中成语的数量，量多者胜出，获得冠军。

7. 如有平局，可设加时赛，直至比出冠军。

眼疾手快

管小玲

游戏背景： 中国古语有云："用心专者，不闻雷霆之震惊。"联合国教科文组织认为，儿童的注意力集中水平是造成学习结果差异的主要原因，是提高学习效率、缩短学习时间从而提高学习成绩的关键。专注力是一切学习能力的基础。

游戏益处： 在游戏过程中需要学生集中注意力，寻找相同小立方体并把它们拼摆到位，可帮助学生在轻松愉快的氛围中提高自己的专注力。

游戏对象： 1~4年级学生。

游戏准备：

1. 一套积木及相应卡牌。积木为小正方体，每个面都贴上不同颜色的图案。卡片上画有由积木拼成的图案。

2. 学生以2~4人为一组进行游戏。可随时调整参加游戏的人数。

3. 游戏开始前给每位选手分配相同数量的积木。

游戏步骤：

第一步，抽取一张卡片放在选手中间，学生观察卡片上的图案，寻特点，找规律。

第二步，找出自己手中小正方体与卡片图案所对应的那一面，将积木快速摆放成卡片上的图案。

第三步，完成者迅速举手或者摇小铃铛示意，举手最快的视为第一名。

第四步，一轮比赛中最后一名或拼摆错误的同学退出比赛，成为替补选手，下一位选手或原替补选手上场。

第五步，进行新一轮比赛，重复以上步骤。

没有积木时可以利用学习文具进行游戏。游戏参考图如下：

①裁判员自由拼组图形

②参与游戏者仔细观察，快速找出相同图形

③拼摆完成，最快者胜出

汉字摩斯密码

黄邱玲

游戏背景： 汉字有六种构成方法，包括象形、指事、会意、形声、转注、假借。其中使用形声方法造的字比例最大。小学低年级学生处于大量识记生字的重要阶段，教师要利用各种契机帮助学生使用多种方法识记生字。摩斯密码游戏将代号与汉字联系起来，是帮助学生识记汉字的趣味游戏。

游戏益处： 设计汉字的摩斯密码，这种趣味方式，既能开发学生思维，又能提高识字能力，可做到寓教于乐。

游戏对象： 低年级学生。

游戏准备： 汉字摩斯密码卡片一套。

游戏步骤：

1. 游戏一：我是破译师。

四位小朋友扮演破译师参与游戏。

①从1号密件中抽出一张卡片，对照摩斯密码，猜出卡片密码所表示的汉字。比一比谁的速度快。

②给汉字组词。

③组词多的同学成为密令官。

> 摩斯密码是一种时通时断的信号代码，通过不同的排列顺序来表达不同的英文字母、数字和标点符号。

语言文字类

79

2. 游戏二：我是密令官。

密令官从3号密件中抽取一张卡片，在空白卡片上编辑一个"密令汉字"。

3. 游戏三：我是特派员。

①一名同学扮演特派员，从2号密件中抽取一张句子卡片。

②将句子卡片交给密令官，让他编辑出密码。

③其他同学根据密码解密，谁第一个解密成功便荣升为特派员。

摩斯密码设计表（可自己另行设计）

偏旁部首	对应密码	偏旁部首	对应密码	偏旁部首	对应密码	部件	对应密码
氵	A	忄	M	礻	Y	刀	②
扌	B	辶	N	灬	Z	大	③
宀	C	走	O	阝	1	元	④
衤	D	亻	P	月	2	青	⑤
艹	E	囗	Q	宀	3	子	⑥
辶	F	木	R	门	4	贝	⑦
彳	G	广	S	丫	5	鱼	⑧
纟	H	牛	T	口	6	占	⑨
孑	I	刂	U	饣	7	共	⑩
冂	J	户	V	王	8	见	※
𧾷	K	钅	W	鸟	9	长	◎
丷	L	火	X	虫	①	圭	*

1号密件

B * =

N⑤ =

2号密件

小朋友，今天下午我们一起去玩吧！

3号密件

你能将下面的汉字用密码表示吗？

字=

哄=

4号密件

我能自己编一组汉字摩斯密码！

临场反应我最行

黄晓冬

游戏背景： 此游戏主要考验游戏者的听觉注意力。游戏时，下指令的人要注意自己与其他人头上的头饰。此游戏可以训练注意力，还能锻炼体力和身体反应能力，非常适合小学生一起玩。

游戏益处： 此游戏既可以培养学生正确的竞争意识，又可以加强学生团队协作的能力，让学生养成好习惯，能够积极参与实践活动，建立进取的人生态度，促进自我意识的发展。

游戏对象： 1～6年级学生，两人或多人均可，不受时间和空间限制。

游戏准备：

1. 准备一些小道具，如各种颜色的萝卜头饰。
2. 将学生分成几组。

游戏步骤：

1. 将参加游戏的同学分成几组。每组可以是一两个人，也可以是多人。
2. 队形：各组人员手拉手（或肩搭肩）形成圆形，组与组分开来，指导员立于中央。
3. 每组取一个名字，如红萝卜、白萝卜、紫萝卜。
4. 同组一起下蹲，并大声念口诀。例如：指导员指定红萝卜组先蹲，全组人员一起下蹲，并同时大声念口诀："红萝卜蹲，红萝卜蹲，红萝卜蹲完白萝卜（或紫萝卜）蹲。"当念到白萝卜（或紫萝卜）时，全组人员的手一同指向所念之组的方向。
5. 被念到的一组必须马上下蹲并同时念口诀。如该组有人未下蹲，则淘汰该组。
6. 如此循环，剩下的最后一组即为胜利者。

"你是我的眼"游戏

郭 俊

游戏背景：为了丰富学生的校园课余生活，培养学生参与课余活动的积极性，我们设计了此游戏。

游戏目的：

1. 让学生在游戏中明白合作的重要性，产生合作意识和拥有合作能力。

2. 培养学生的团队精神以及勇敢顽强、决不轻言放弃的拼搏精神。

3. 增强沟通能力，让学生在误解与理解中增进友谊。

4. 让学生学会相互支持、相互信任。

5. 培养学生换位思考的意识，促进团队内部的融洽。

游戏介绍：

1. 两人一组，一人背着另一个人。背人者用不透光的黑布蒙眼，扮作"盲人"；被背者脚不能落地，扮作"跛者"。

2. 比赛距离为25米，每隔5米设置一个障碍物，每三组进行一次比赛。

3. 游戏中，"盲人"在"跛者"的指引下，分别通过"绕过板凳""踩烂气球""捡起地上的鲜花送给跛者"三个障碍环节，在最短时间内到达终点者即为胜者。

游戏益处：可以充分锻炼学生的沟通、配合能力，还能活跃气氛，拉近同学之间的心理距离。

游戏对象：1~6年级学生。

游戏人数：6人（两人一组，每三组进行一次比赛）。

游戏准备：可以作为路障的道具：桌椅、气球、鲜花等。

游戏说明："盲人"不能碰到板凳，必须把气球踩爆。"跛者"的脚不能着地。一旦有以上违规行为，则比赛失败。

本次比赛仅给予一次从头开始的机会。

游戏步骤：

1. 第一关：绕过板凳。

背人者（"盲人"）先原地转3圈，然后开始背人行走，由被背者（"跛者"）指挥前进。游戏中，路上摆放5条凳子作为路障，参赛人员须绕行。背人者（"盲人"）不能碰到凳子，若碰到要回到起点，从头开始。

2. 第二关：踩爆气球。

过了第一关后，进入第二关。被背者（"跛者"）要指挥背人者（"盲人"）把地上的10个气球踩爆。不能用手捏，必须全部让背人者（"盲人"）踩爆了，才能进入下一关。

3. 第三关：捡起地上的鲜花送给"跛者"。

背人者（"盲人"）要把地上的5朵鲜花捡起来送给被背者（"跛者"）。途中，裁判员随机提问，由背人者（"盲人"）回答。若回答有误，则游戏失败。若回答正确且最早到达终点者为胜者。

我是背诵大王

徐 贞

游戏背景： 语文新课标提出，诵读材料要选择脍炙人口的千古名篇和名言名句，提倡日积月累、熟读成诵。小学语文学科的学习，需要背诵的内容有很多，有课内要求背诵的课文、古诗等，还有课外拓展的名言警句、小古文、散文等经典。老师一对一检查学生背诵的情况，耗时长，效率低，学生容易感到枯燥、乏味。

游戏益处： 以游戏的形式，在轻松的氛围中检查学生的背诵情况，寻找"背诵大王"，可以避免传统形式低效乏味的问题，帮助学生有效复习背诵内容，激发学生学习语文的兴趣。

游戏对象：1~6年级学生。

游戏准备：

1. 出示需要背诵的内容；

2. 一朵道具花；

3. 一把小鼓，一根鼓槌。

游戏步骤：

1. 老师说出需要检查背诵的具体内容，例如某首古诗或某篇课文；

2. 学生齐背要求背诵的内容，与此同时，老师手持小鼓，用鼓槌敲打小鼓；

3. 学生边背诵边伴随鼓声传花；

4. 突然，老师的鼓声停止，学生的背诵也停止；

5. 花传到哪位同学的手上，哪位同学就在全班独立背诵全文；

6. 能够正确流利背诵的同学闯关成功，不能背诵的同学出局；

7. 坚持到最后的同学即为"背诵大王"。

连词成句游戏

郑 媛

一、掷骰子法

1. 制作方法：

最简单的办法就是找几个正方体积木当骰子，把词语写在贴纸上贴于骰子每一面，换词语的时候撕掉再贴新词语，自己制作纸质骰子最好选择硬卡纸。

骰子制作完成后在每一个骰子的 6 面分别写上相应的词句，可以让学生自己想，有助于积累词汇。初级阶段可以制作三个骰子："谁""在哪里""干什么"，三要素熟练后可以升级为 5 个骰子："什么时候""谁""在哪里""干什么""怎么样"。

一个骰子代表一个要素，如在"什么时候"骰子上可以写早上、晚上、星期天等表示时间的词语，后期可以增加难度加上形容词，例如"阳光明媚的午后""阴雨绵绵的早上""安静的夜晚"等。"怎么样"骰子上可以写上"快乐地""可爱的""吃得饱饱的"等类似语句，借助游戏让学生了解"的""地""得"的用法，不同的 de 在句子中的位置不一样，如掷到"快乐地"，这个骰子肯定在"干什么"骰子的前面，如掷到"可爱的"，则在"谁"骰子的前面，"吃得饱饱的"，则在"谁"骰子后面。

2. 玩法：

以上骰子制作完成后就可以和学生一起玩游戏啦。因为每个骰子代表一个要素，几个骰子就包括了一个句子的几个组成部分，可以让学生根据骰子掷出的内容，连成一个完整的句子。进入高级阶段可以让学生基于骰子上的关键词，自己添加一些想象的内容，写出一小段话。

可随时根据学生的情况调节难度，任意发挥。

（对于识字还不是很多的学生，可以借助骰子来识字，选择一些简单的字，认识的和不认识的字都写一些，每一面字写得大一些，多玩几次学生就慢慢记住这些字了，然后可以换一批字。）

二、打牌法

此游戏原理和掷骰子法相同，只是将骰子换成小卡片，将要素写在小卡片上，让学生用打牌的形式来玩，小卡片可以是图文结合的，也可以是纯文字的。

这个方法可以三五人一起玩，每人随机出一张卡片，看谁能最快连成一句话。

还可以先排出一个不完整的句子，让学生填空补充，如雪人在雪地（　　）。括号内可以让学生用小卡片去填，看看能打出多少张卡片。

无论是掷骰子法还是打牌法，因为几个要素都是随机的，都会碰到连词成句后，句子不通顺或者逻辑不合理的情形。一句话连成后，可以让学生判断一下是否合理，如果不合理是哪个要素不合理，并进行相应更换。由于所有词语都是学生想出的，他们会天马行空地发挥他们的想象力，想出的词语组成的句子，常常让人忍俊不禁，这就是游戏的乐趣所在。相比单调枯燥的练习活写句子，这个方法会更容易让学生们接受。

游戏玩熟后，可以用上一些图，让学生在看图写话上练练手。

畅游校园油菜花丛——寻找习作

王浩宇

游戏背景：在花丛中寻找写作灵感，真是个很有趣的想法！想象一下，在金黄色的油菜花丛中，花香四溢，阳光透过花瓣洒在你的脸上，你正沉浸在花丛中，感受着大自然的魅力。

游戏益处：在花丛中寻找写作灵感，可以激发学生们的创作热情，还可以锻炼学生们的观察力和表达能力，让学生们更加热爱生活和大自然。

游戏对象：3~6年级学生，不限人数。

游戏场地：

1. 校园的花坛。

2. 校园的油菜地。

游戏步骤：

1. 视觉描述。

同学们在观赏中可以详细描绘花丛的景色，比如花卉的颜色、形状、大小等。可以重点突出油菜花花卉的特点，比如它们的色彩或者形状的独特之处。

2. 触觉描述。

同学们在观赏中可以描述在花丛中穿行的感觉，比如花瓣的柔软、枝叶的粗糙等。

3. 听觉描述。

同学们在观赏中可以描述花丛中的声音，比如蜜蜂的嗡嗡声、风声等。这些声音可以增添场景的生动感。

4. 嗅觉描述。

同学们在观赏中可以描述鼻子凑近一朵花轻轻一嗅时的感觉，或者描述花丛中的清新气息。

5. 情感体验。

同学们在观赏中可以描述在花丛中漫步时的心情，比如愉快、宁静、放松等，也可以通过这个场景来表达对大自然的热爱和对生活的热情。

数学思维类

植树探险家

陈艳祥

游戏背景：在一片神秘的森林里，同学们化身为勇敢的植树探险家，为了保护生态环境，通过植树来恢复森林的生机。

游戏益处：这款"植树探险家"游戏通过模拟植树问题的三种情况，设置不同的挑战任务，培养小学生的逻辑思维能力和团队协作能力。同时，游戏还鼓励小学生积极分享和交流，让他们在快乐的氛围中学习成长。

游戏对象：1~6年级学生。

游戏准备：

1. 准备一些小道具，如假树、铲子、浇水壶和环保标语卡片。

2. 划分游戏场景，设置三个区域，分别代表植树问题的三种情况（两端植树、一端植树、两端都不植树）。

3. 制定游戏规则和设定时间限制（每轮游戏时间10分钟）。

游戏步骤：

1. 游戏开始前，同学们按全班人数合理分组。

2. 每组同学需要选出一名组长，负责协调和组织植树活动。

3. 游戏共分为三个阶段：植树、挑战、分享。

①植树阶段：每组同学需要在规定时间内，根据植树问题的三种情况，将假树插到对应的区域里。每正确插一棵树可以得到奖励分数。

②挑战阶段：在插完所有树后，每组同学需要面临不同的挑战任务。例如，他们需要计算在不同情况下需要的树的数量，或者根据给定的树的数量判断应该如何植树等。成功完成挑战的小组将获得额外奖励分数。

③分享阶段：每组同学需要在规定时间内，分享他们在植树过程中的发现和感受，以及他们对环境保护的认识和理解。分享内容将由老师和其他同学进行评价，好的分享将获得额外奖励分数。

4. 游戏结束后，统计每组的总得分，评出前三名优胜小组，并颁发小奖品。同时，鼓励所有同学积极参与环保行动，树立环保意识。

汉诺塔

高 攀

游戏背景： 汉诺塔（Tower of Hanoi），又称河内塔，是一个源于印度古老传说的益智玩具。在印度，有这么一个古老的传说：在贝拿勒斯（位于印度北部）的圣庙里，一块黄铜板上插着三根宝石针。印度教的主神梵天在创造世界的时候，在其中一根针上从下到上地穿好了由大到小的64片金片，这就是所谓的汉诺塔。不论白天黑夜，总有一个僧侣在按照下面的法则移动这些金片：一次只移动一片，不管在哪根针上，小片必须在大片上面。僧侣们预言，当所有的金片都从梵天所穿的那根针上移到另外一根针上时，世界就将在一声霹雳中消灭，而梵塔、庙宇和众生也都将同归于尽。

经过演变和变革后，1883年法国数学家爱德华·卢卡斯将其转变成了一道智力题，并成为世界上著名的数学难题之一。汉诺塔除了是一道令人耳目一新的数学难题，还成为大多数人解决问题的范本，因为它需要人们运用逻辑思维和创造力去解决问题。

游戏益处：

1. 开发智力，培养逻辑思维能力。
2. 提高注意力，培养专注力。

游戏准备： 汉诺塔。

游戏对象： 3~6年级学生。

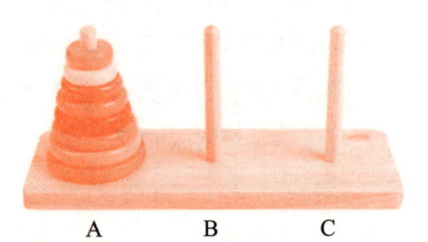

游戏规则： 有三个柱子和一些大小不同的带孔圆盘，每个圆盘都套在一根柱子上，最大的圆盘在最下面，最小的圆盘在最上面。任务是将所有的圆盘从初始柱子上移至目标柱子上，并且在移动圆盘的过程中不能将大圆盘放在小圆盘上面，而且每次只能移动一个圆盘。

92

游戏步骤：

1. 三层汉诺塔。

第一步：将小号圆盘从第一根柱子上移动到第三根柱子上。

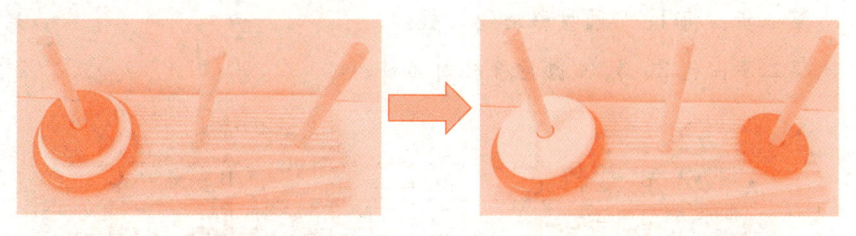

第二步，将中号圆盘移动到第二根柱子上，再将小号圆盘移动到中号圆盘上面。

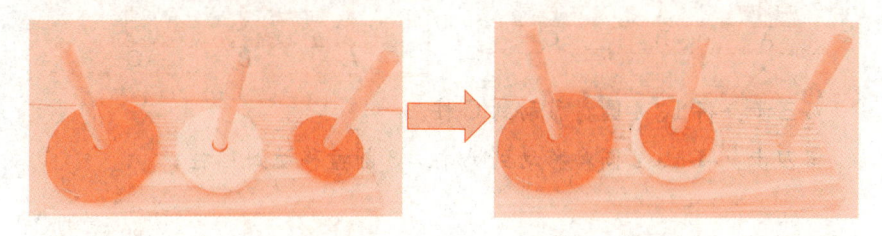

第三步，将大号圆盘移动到第三根柱子上，小号圆盘移动到第一根柱子上。

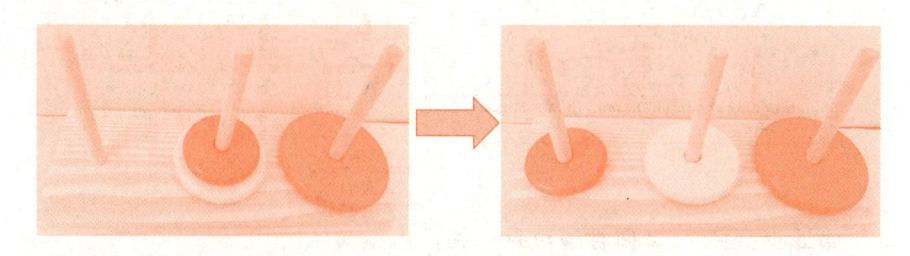

第四步：将中号圆盘移动到第三根柱子上，再将小号圆盘移动到中号圆盘上面。

93

2. 四层汉诺塔。

四层汉诺塔是汉诺塔游戏中最常见的一个版本，也是较难的版本。把三个柱子标记为 A、B、C，把圆盘从大到小分别标号为 4、3、2、1。

第一步：将 1、2 圆盘移动到 C 柱。

第二步：将 2、3、4 圆盘移动到 B 柱。

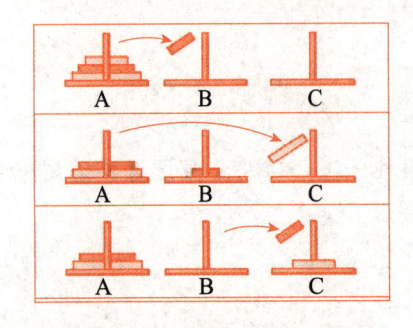

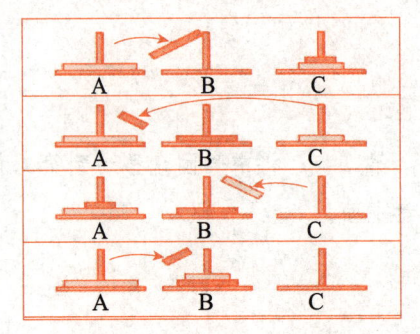

第三步：将 1、4 圆盘移动到 C 柱。

第四步：将 1、2 圆盘移动到 A 柱，3 圆盘移动到 C 柱。

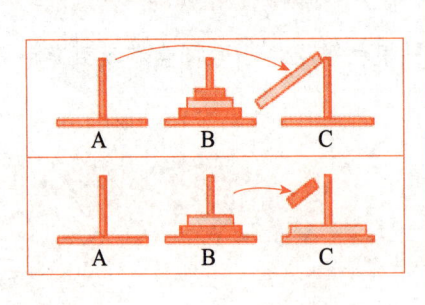

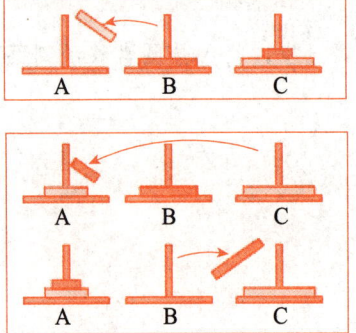

第五步：将 1、2 圆盘移动到 C 柱。

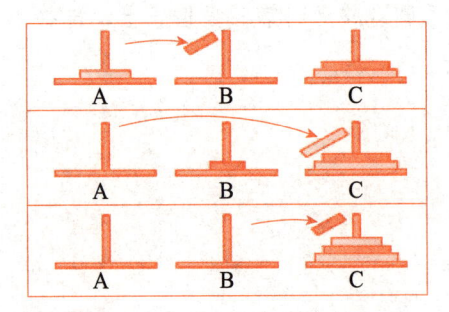

游戏拓展：五层汉诺塔，六层汉诺塔，七层汉诺塔……

格子迷宫

乐 欢

游戏背景： 格子迷宫是一种适合低年级学生玩的益智游戏，它需要学生通过观察、推理和思考，找到走出迷宫的路线。

游戏益处：

1. 锻炼学生的逻辑思维能力。

2. 培养学生的专注力。

3. 提高学生的口算能力。

游戏准备： 铅笔、白纸、尺子。

游戏对象： 1～3年级学生。

游戏规则：

1. 格子每一列上面的数字是几就表示那一列可以走几格，格子每一行右边的数字是几就表示那一行可以走几格。

2. 左上的格子是迷宫的起点，右下的格子是迷宫的出口（可自行设定）。

3. 用水平或竖直的线段通过格子，每个格子只能通过一次。

具体玩法：

一、二年级：老师给出"格子迷宫"，学生独立完成。

1. 在九宫格或十六宫格的起点和终点格子里画"√"。

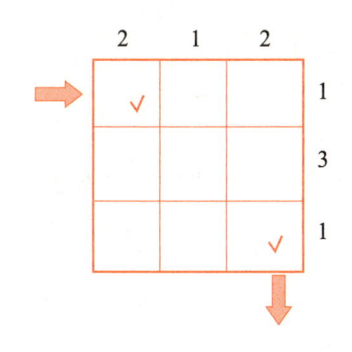

2. 根据行列的数字确定路线。

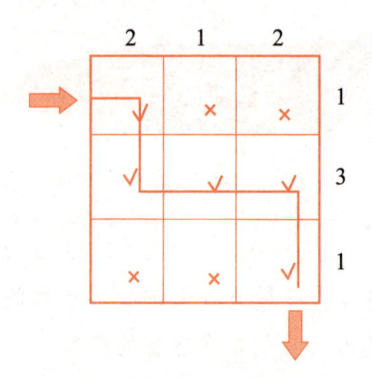

三年级：两人合作，互相出题，交换做。

1. 在十六宫格中任意画出一条走出迷宫的路线。

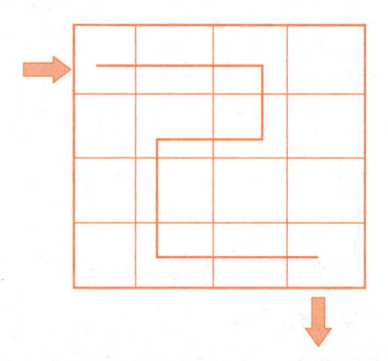

2. 根据路线图在要走的格子里画"√"，在不走的格子里画"×"。

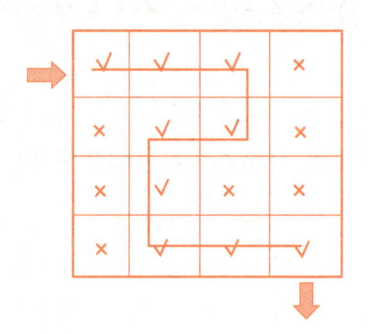

3. 根据每行、每列"√"和"×"的数量确定每行、每列对应的数字。

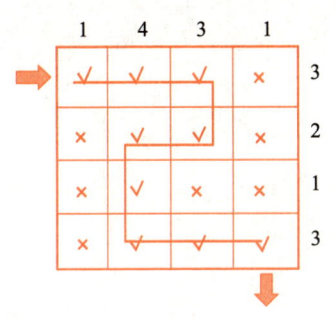

4. 最终题目设计如下：

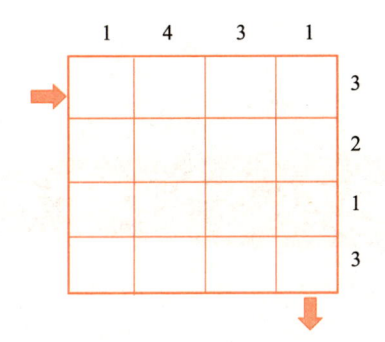

附件： 格子迷宫

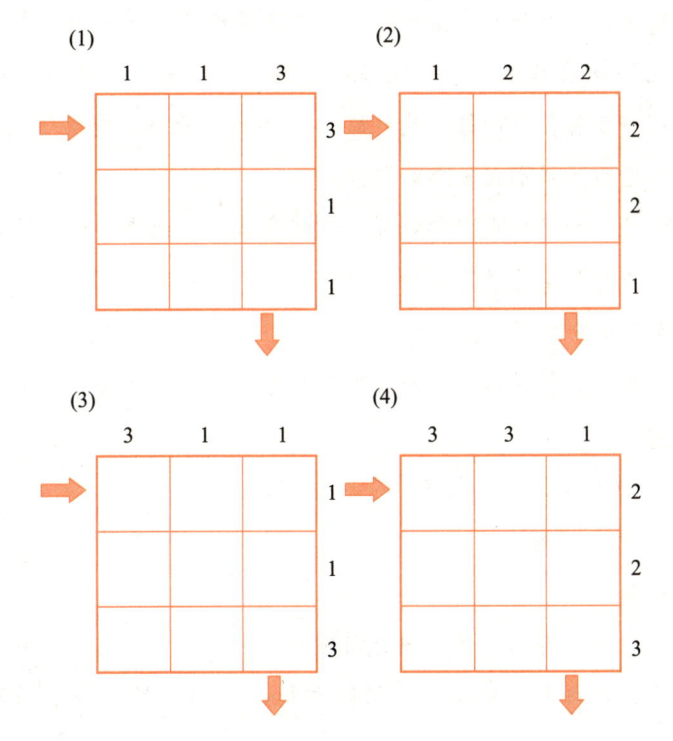

(5)

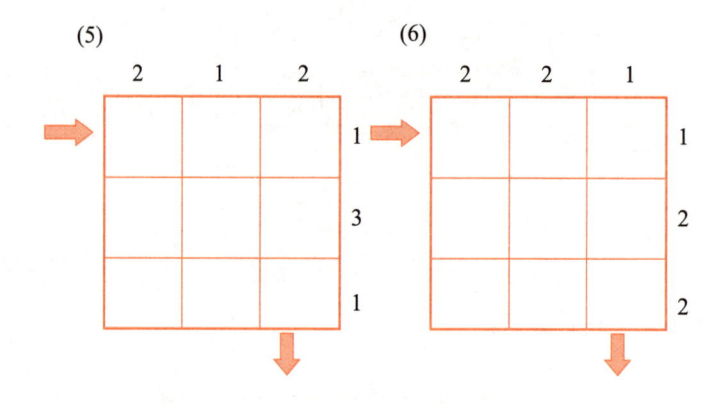

	2	1	2
→				1
				3
				1
		↓	

(6)

	2	2	1
→				1
				2
				2
		↓	

扑克游戏让表内乘法更有趣

王艳波

游戏背景：扑克是日常生活中常见的游戏道具，受到成人和儿童的普遍欢迎。它不受场地限制，玩法多种多样，简单易学，随时随地可以开展。扑克牌有4种花色，每个花色都有1~9这9张牌，能够很好地与表内乘法相融合进而开展形式多样的游戏。

游戏益处：利用扑克牌游戏可以让乘法口诀动起来，让乘法计算不再枯燥，从而提高学生的学习兴趣，培养学生的数感和运算能力，让学生感受到学习数学的乐趣。

游戏对象：二年级学生，两人或四人均可，不受时间和空间限制。

游戏准备：

1. 准备游戏道具：扑克牌各花色1~9。
2. 制定游戏规则。

游戏步骤：

1. 游戏一：同桌计时赛（初始阶段）。

给两个同学每人分发同一个花色的1~9这9张牌。每个同学把自己分到的9张牌打乱顺序，正面朝下握在手中。用石头剪刀布决定谁是甲方，谁是乙方。游戏开始，两人同时亮出一张牌，如2和5。如果甲方在30秒内说出对应的乘法口诀"二五一十"，那么这两张牌归甲方所有；如果甲方不能在规定时间内说出对应的乘法口诀，那么这两张牌归乙方所有。

如此往复，3分钟后，谁的牌多谁获胜。一局游戏结束后，双方交换角色继续比赛。

2. 游戏二：四人小组闯关赛（熟练阶段）。

四人一个小组，分为两组。给每个同学分发同一个花色的1~9这9张牌。

每个同学把自己分到的9张牌打乱顺序，正面朝下握在手中。

游戏开始：闯关活动。

第一关：每组的两人同时抽出最上面的一张牌，正面朝上亮牌。先答出两张牌数的积的人获得这两张牌，并正面朝下放在自己牌的最下面。继续各出一张牌，直到一方把另一方手中的牌全部赢完，或计时结束时得牌多者获胜。

第二关：四人组第一关胜利者重新组队对抗，胜利者为本组冠军，授予"计算能手"称号。其余两人组队对抗，输的那一方需要与其余三人对乘法口诀。

玩转扑克牌

陈晓燕

游戏背景：相传扑克牌是14世纪后期由埃及传入欧洲的，而扑克牌游戏有人认为是源于我国南宋时期的叶子戏。相传叶子戏根据一年有四季将牌的花色分为四种，据说扑克牌的四种花色分类源于此。

游戏益处：在培养团队合作意识的基础上让学生形成初步的数感、数据意识、推理意识等，激发学生勇于挑战的精神，从而提高学生学习数学的兴趣。

游戏对象：一年级学生。

游戏准备：一副或多副扑克牌。

游戏步骤：

1. 游戏一：大鱼吃小鱼（数的大小比较）。

两人为一组，每人选出同一种花色的1~10的扑克牌打乱顺序后将背面朝上，两人同时任意从手上各抽出一张牌，然后比较两个数字的大小，数字大的把数字小的牌"吃掉"，若两张牌一样大，则各自收回，最终"吃"的牌张数多的人获胜。

2. 游戏二：你分我合（数的分成与组成）。

①三人一组。把同一花色1~5共5张牌分为一组并打乱顺序，参与游戏者每人取一组牌背面朝上拿在手中。第一人抽出上面第一张牌，第二人根据扑克牌上的数字说出相应的数的分成，第三人则说出5的所有组成。如：抽到数字5，按顺序说出5能分成1和4，5能分成2和3，5能分成3和2，5能分成4和1。1和4可以组成5，2和3可以组成5，3和2可以组成5，4和1可以组成5。接着轮换角色玩，让学生在玩的过程中，体会到各个数的分成与组成的规律。

②三人小组一起玩，一人当指令官，另两人用石头剪刀布决定谁先抽牌。先抽牌的人要求对方说出所抽牌数字的全部分成与组成。对方说对了，这张牌就归对方；对方说错或有遗漏，就拿出一张牌给抽牌者。接下来由对方抽牌，玩法相同。规定时间结束时，比谁手上牌的张数多，多者获胜。

3. 游戏三：我是口算小能手（10以内的加减法）。

两人一组，从一副扑克牌中抽出0（用"王"代替）至10的牌，打乱顺序，一人拿牌，另一人任意抽出两张牌，口算出和、差的得数，看谁算得对和快，算得对且用时最短者获胜。

乘法接龙

张 颖

游戏背景： 纸牌游戏是一种与棋类游戏相当的文体活动，在闲暇时间有的孩子会结伴模仿成人打扑克牌的样子围坐在一起，观察纸牌上的图案及数字，显得很有兴趣。将纸牌与乘法相结合形成一种趣味数学游戏，让小学生参与，可以在益智的同时，提高学生学习数学的兴趣。

游戏益处：

1. 培养学生运算的兴趣和积极性。
2. 帮助学生巩固乘法口诀。
3. 培养注意力，提高专注力。

游戏准备： 一副扑克牌（去掉J、Q、K和大小王）。

游戏对象： 2～4年级学生。

游戏规则： 两人一组。将一副去掉J、Q、K和大小王的扑克牌置于桌面，两人各抽取一张正面朝上置于桌面，由一人先说出两张扑克牌所对应数字的乘法口诀，说完后抽取一张扑克牌置于刚刚抽取的两张扑克牌其中一张的下面，再由另一人说出新抽取的扑克牌和原有的一张扑克牌所对应数字的乘法口诀。以此类推，依次交替说出所有抽取的扑克牌对应数字的乘法口诀。

游戏技巧： 乘法口诀对于刚了解乘法的学生来说是非常重要的，口诀不能一味死记硬背。本游戏在玩的时候需注意乘法口诀是小数在前，大数在后。

对角棋——棋盘游戏

胡亚红

游戏背景： 对角棋是民间传统游戏，和三子棋类似，只是将传统三子棋的九宫格换成了9个点位。双方执不同颜色棋子，每人3枚棋子，只要将自己的3枚棋子走成一条对角直线或者把对方逼得无路可走的时候，对方就算输了。一般来说，棋子开始走到中间最有利，角上次之。玩对角棋最大的好处就是随便找个地方就可以玩，可随时体验那种简单朴实的乐趣。

游戏益处：

1. 锻炼专注力。
2. 培养逻辑思维能力。

游戏对象： 1～3年级学生。

游戏规则： 双方交替移动棋子，一次只能移动一步。在地上画一个大小合适的正方形，连上对角线和相对边的中线，棋盘就画好了。

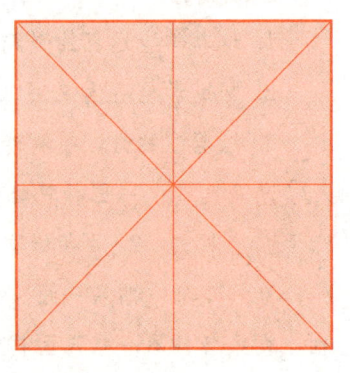

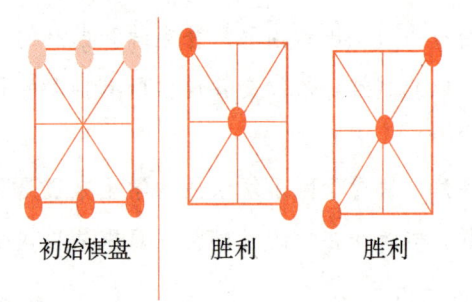

初始棋盘　　胜利　　胜利

还可以将象棋棋盘中将、士所在的带对角线的田字框作为对角棋棋盘。双方各持三子，颜色或形状不同，能区分即可。

游戏规则：

1. 一方先走棋，随后轮流移动棋子；

2. 每个回合中，一方只能将自己的一枚棋子移动一格（一格是沿着图中线条移动一格，分为横向、纵向和斜向）；

3. 当一方将自己的 3 枚棋子成功移动到斜对角线上成一直线时，或者逼得对方无路可走时，该方获胜，游戏结束。

游戏技巧：对角棋的玩法简单，仅以占据对角线为目标，先走者可先占据中心点位，然后两边逐步推进，在无法形成对角线直线时，可根据情况逼迫对方无路可走，从而也能获胜。

巧用扑克练口算

程来魁

游戏背景：一年级学生在学习完 20 以内的加减法之后，老师可采用扑克牌游戏的方式巩固口算方法。游戏每一局所需时间短，可在课前、课中、课后进行，寓教于乐。

游戏益处：激发学生的口算兴趣，训练口算能力，提高口算水平。

游戏对象：一年级学生，两人一组。

游戏准备：一副扑克牌。

游戏步骤：

1. 20 以内加减法训练：

玩法一：抢答。

两人随机各取同样多的牌，一起出牌，抢答出两数的和或差（例如：甲出 5，乙出 10，答案既可以是 15 也可以是 5），抢答得对而快者获胜，胜者取走两张牌。在规定的时间内，谁拥有的牌多谁就赢。

103

备注：J、Q、K 对应的数为 1、2、3，大王对应的数是 20，小王对应的数是 10。

玩法二：猜数。

两人随机各取同样多的牌，同时出一张牌但不翻开，一方翻牌给对方看，另一方看到后告诉对方两牌之和或差，让对方猜未翻开的牌。如果猜对了，这两张牌就归对方，猜错了则归另一方。一个回合结束后双方交换角色再来一次。

2. 100 以内加减法（两位数加减一位数）训练：

从扑克牌中选 1~9 的牌各两张以及 1 张 10，共 19 张，这 19 张牌的点数之和是 100。洗牌后轮流摸牌并对牌的点数进行累加，计算正确才能摸走，计算错误由另一方摸牌，最终结果刚好是 100 时，谁手中的牌多谁获胜。用类似的方法可以做减法，从 100 开始减各张牌的点数，减完后的结果正好等于 0。由于牌的张数是奇数，因此可用石头剪刀布来决定谁先开始。

挑 棍

李旭峰

游戏背景：挑棍游戏是一种老少皆宜的益智小游戏，是一种流传于广大人民生活中的娱乐活动。它所需材料简单，树枝、小木棒、长火柴等都可以拿来做游戏，简单易学，趣味性强，而且不受空间限制，适用于多种场合。

游戏益处：

1. 锻炼专注力、观察能力、判断能力和分析能力。
2. 提高手眼协调配合能力和手指灵活性。
3. 培养耐心和毅力。

游戏对象：1～6年级学生。

游戏准备：一定数量的小棍，可以用柳枝自己制作。选择粗细差不多的柳枝，截成长度一样的小棍，再用小刀把它们的皮剥掉，剥皮之后的小棍每四根为一组，分为皇帝、炸弹、青棍、肚脐、白皮、扁担等。

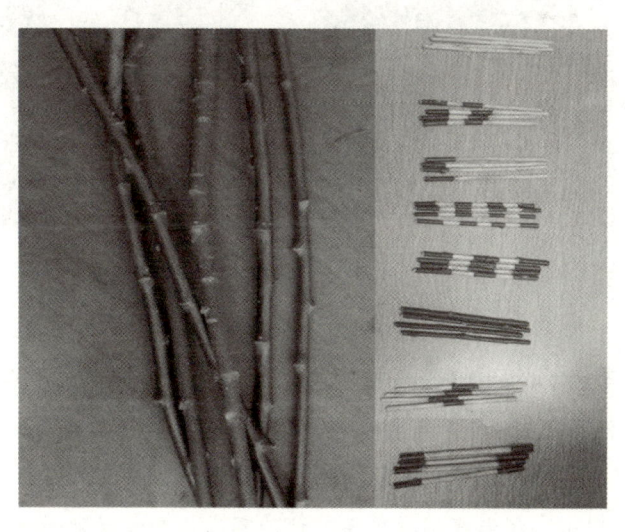

游戏步骤：游戏开始前，学生们自由地寻找玩伴，两两组合，作为对

抗的对手。

游戏开始：

1. 用石头剪刀布决定玩的顺序。

2. 先玩的一方用手握住所有的游戏棍并垂直放于桌面，再松手撒下。

3. 在不触动其他游戏棍的前提下，可以借助手中已有的游戏棍，运用拨、撬等办法把散着的小棍一根根拿到手，如果触动其余的小棍则换另一方玩。

4. 所有的游戏棍全部取完后，每人把手上的小棍按名称（不同的名称大小不一样）放在一起，谁先放完手上的游戏棍谁就获胜。

游戏技巧：

1. 挑的过程中，要先观察好哪一根小棍好挑；

2. 在挑的整个过程中要轻轻的；

3. 可以先拿单独的小棍，聚在一起的可以用手上已有的小棍帮忙挑、戳、撬。

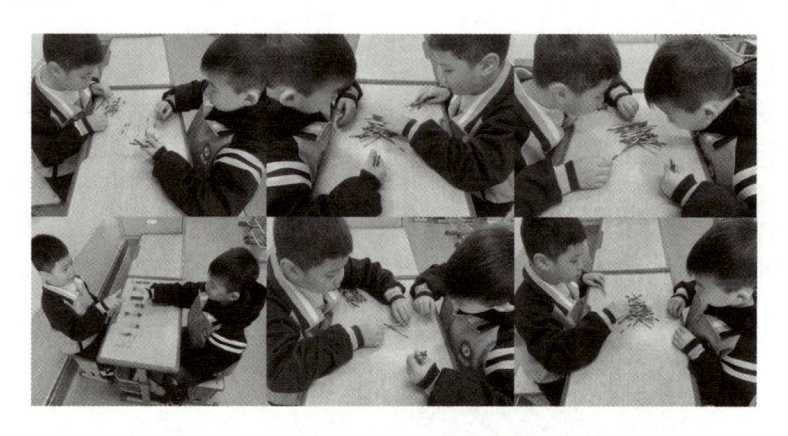

更多玩法：

需要买一盒游戏棍，共30根，由7种不同颜色的小棍组成。白色5根，每根3分；蓝色5根，每根3分；绿色5根，每根3分；红色4根，每根3分；黄色4根，每根3分；粉色4根，每根4分；黑色3根，每根5分。

1. 选择不同的手法将游戏棍散落在桌面上；

2. 一人取走一根游戏棍并确保其他的不动，若是其他游戏棍移动，则换另一人玩；

3. 取完最后一根游戏棍之后，把手中游戏棍对应的分数加起来，分数高者获胜。

24 点战役

石 磊

游戏背景： 24点游戏是一种智力游戏，通常情况下，采用一副扑克牌玩，玩家将任意4张牌通过加减乘除运算得到结果为24。最初，游戏的规则是使用数字组成任意四位数，并通过加减乘除运算得到结果为24。后来，人们将这个游戏应用到扑克牌中，从此，这个游戏就逐渐流行起来，并成为一个受到全世界欢迎的智力游戏。

游戏益处： 可以增强逻辑思维能力，培养观察力和数学计算能力。

游戏准备： 扑克牌一副或自制卡片一套。

游戏对象： 1~6年级学生。

游戏规则： 一副扑克牌去掉大小王后留下52张，开局时从52张扑克牌中抽取任意4张牌，玩家可以利用加、减、乘、除（可加括号）四种计算方式把牌面上的数算成24。计算过程中，每张牌必须使用一次且只能使用一次。

胜负规则：

两人对战模式：两人对战，先算出24点的可拍掌示意，方法和结果正确，得1分，不正确，则对方得1分。

多人（晋级）模式：多人参加，在约定时间内找到多种正确算法，按正确算法的多少取前三名，依次得分为3分、2分、1分。未找到正确算法者及未进入前3名者不得分。

级别及对应积分：

布衣（初始玩家）　0

士兵　10

士官　30

尉官　50

校官　100

将官　150

元帅　180

王　220

晋级可使用的魔法技能：

士兵突击：在开局时，可立即使用该技能，本局个人得分翻倍。开局后无法使用该技能。

局部指挥：可在开局时使用该技能，随机替换掉一张扑克牌。

敌后游击战：在各人公布算法后，可对任意一名参赛者发动游击战，扣除对方一种有效算法。

偷天换日：在约定时间结束时，指定两名参赛者交换记录算法的卡片。

迟缓术：使用时往后3局所有参赛者拥有的思考时间减半。

移花接木：在约定时间结束时，将抽取指定参赛者的一种算法转移到自己的算法中，对方失去该种算法，如该算法与自己已有算法相同，则只计一种算法。

裁决：宣布本局不计分。

魔法技能使用规则：

1. 在多人模式中可依据自身级别选取拥有的技能。

2. 每10局中拥有的魔法技能可使用1次。

布衣　无

士兵　技能1：士兵突击

士官　技能1：士兵突击；技能2：局部指挥

尉官　技能1：士兵突击；技能2：局部指挥；技能3：敌后游击战

校官　技能1：士兵突击；技能2：局部指挥；技能3：敌后游击战；技能4：偷天换日

将官　技能1：局部指挥；技能2：敌后游击战；技能3：偷天换日；技能4：迟缓术

元帅　技能1：敌后游击战；技能2：偷天换日；技能3：迟缓术；
　　　技能4：移花接木
王　　技能1：偷天换日；技能2：迟缓术；技能3：移花接木；
　　　技能4：裁决

独一无二的数字——数独九宫格游戏

吴营军　冯年元

游戏背景： 1984年4月，在日本游戏杂志《字谜通讯Nikoil》上出现了数独游戏，杂志提出了"独立的数字"的概念，意思就是"这个数字只能出现一次"或者"这个数字必须是唯一的"，并将这个游戏命名为"数独"（sudoku）。

游戏益处：

1. 培养数学思维，提升数感。
2. 锻炼双向思维的能力，提升逻辑思维能力。
3. 培养注意力，提高专注力。

游戏准备： 九宫格游戏玩具或九宫格游戏题卡。

游戏对象： 中低年级学生。

游戏规则： 将数字1～9填入9×9的方格或盘面中，使每一个数字在所在行、所在列、所在粗线宫格中，只能出现一次，不得重复。

游戏玩法：

1. 单人对战或团队合作，大家同时开始游戏，先填完并填对者获胜。
2. 每胜一局，积1分，先积满5分者，获得"冠军"贴纸，并在"班级优化大师"中加"课间游戏冠军"5分。

游戏技巧：

1. 数对占位法：在某个区域中使得某两个数字只能出现在某两格内，这时虽然无法判断这两个数字的位置，但可以利用两个数字的占位排斥掉其他数字出现在这两格，再结合排除法就可以间接填出下一个数字（如图1）。
2. 宫内排除法：将一个宫作为目标，用某个数字对它进行排除，最终得到这个宫内只有一格可出现该数字（如图2）。

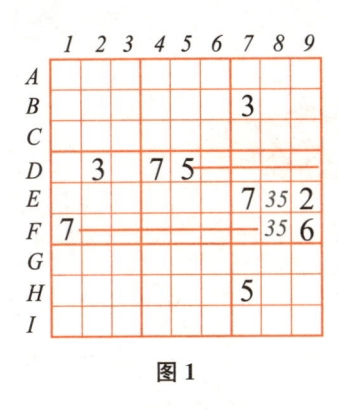

图1

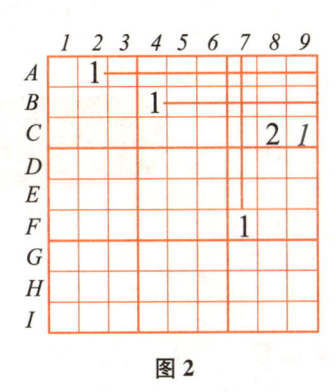

图2

3. 唯余法：数独中每个宫内都只有9种数字，如果发现某宫中有8种数字都不能填，那么只能填入唯一未出现的数字（如图3）。

4. 行列排除法：将一行或一列作为目标，用某个数字对它进行排除，最终得到这个行列内只有一格可出现该数字（如图4）。

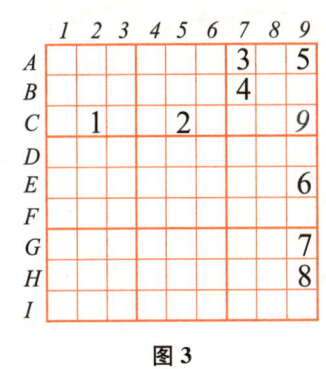

图3

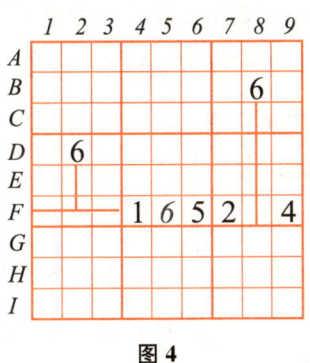

图4

5. 区块排除法：先利用宫内排除法在某个宫内形成一个区块，利用该区块的排除再结合其他已知数共同确定某宫内只有一格可出现该数字（如图5）。

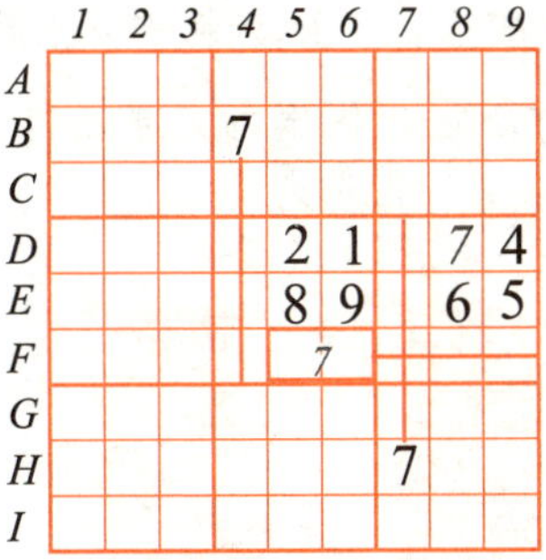

图5

剪纸中的数学

卞 红

游戏背景：剪纸是最古老的中国民间艺术之一。每逢春节或婚礼，人们便将美丽鲜艳的剪纸贴在家中窗户、墙壁、门和灯笼上，节日或喜庆的气氛也因此被烘托得更加热烈。2009年，剪纸被列入世界非物质文化遗产名录。

游戏益处：剪纸既是美的艺术，也蕴含着丰富的数学知识。如果将数学思维融入剪纸课程，一方面可以使学生更加轻松地掌握剪纸的特点与方法，另一方面也可以利用学科的互补优势，锻炼他们的思维能力、空间想象力与动手能力。

游戏对象：中低年级学生。

游戏准备：彩纸、剪刀。

游戏过程：剪纸的步骤大都是一折，二画，三剪。但不同的图形有不一样的折法，相同的剪法在不同的折法、不同的方位上剪出来的效果也是千变万化的。

1. 对称轴与对称剪纸。

剪纸中最常见的是对称，比如单个轴对称图形，这类剪纸有一条清晰的对称轴，图案沿对称轴重合，所以其制作方法为：先把纸张对折，折线就是对称轴，然后沿对称轴画出图案的一半，再沿着线剪去多余的部分，最后展开就是完整的图形。

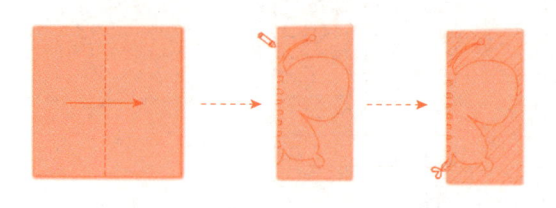

2. 平移与二方连续纹样剪纸。

二方连续纹样是以一个单独纹样为单元，沿水平或垂直两个方向重复而形成带状的纹样。通过平移可以大大减少工作量，只需将纸对折数次，剪出一个基本图形就行。

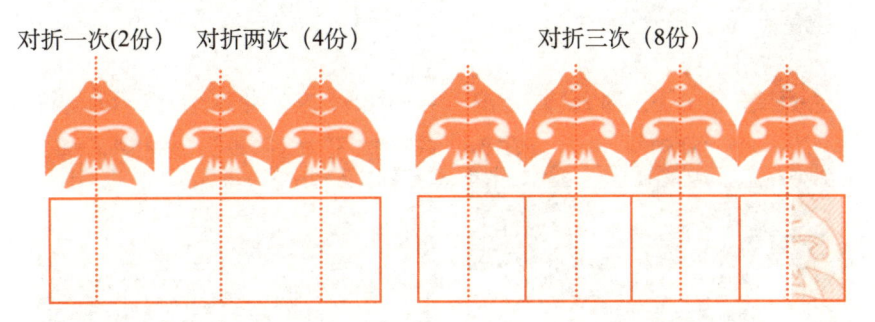

对折一次(2份)　对折两次（4份）　　　对折三次（8份）

对折次数与图形的份数有函数关系，如果学生能发现这两个变量间的内在联系，对他们创作剪纸以及数学思维的培养都是大有裨益的。让学生亲自折一折、数一数，引导学生总结出规律，在原对折的基础上，每多折叠一次，图形的份数就增加一倍，这样学生就可以根据已知的一个变量求另一个变量，剪纸也就变得更加容易和有趣了。

3. 旋转与团花剪纸。

团花剪纸是多角折叠的对称结构，最常见的有四折、六折、八折、十六折。

其制作方法是先找出对称轴，再进行多次折、画和剪。

关于需要折几次，我们在上面已经进行了介绍，可遵循由易到难的原则，先让学生尝试对折，再尝试多角折叠，明白在原对折的基础上，每多折叠一次，图形的份数就增加一倍，这样展开后的图案会展现出极强的秩序感和对称美。

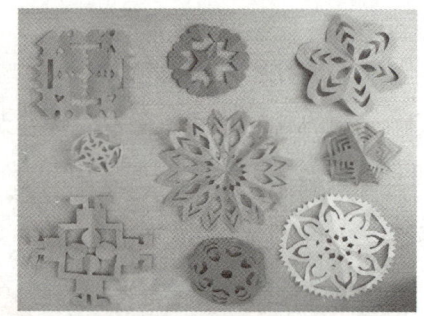

趣味数学之纸面扫雷

朱丽华

游戏背景：面对数学，如何让孩子对之产生兴趣？其实生活中处处都是好玩的数学。比如扫雷游戏就是一种数字的推理游戏。Windows 系统自带的扫雷游戏是一款经典游戏。扫雷游戏变化一下形式，比如纸面扫雷（逻辑扫雷），很适合小学生玩，既不担心小学生玩电脑伤眼，又锻炼了其逻辑推理能力。

扫雷游戏规则：

格子中有地雷也有数字，找出所有地雷你就赢了。数字表示在它周围的一圈格子里有多少个地雷。如图1：

→数字1周围有8个格，8个格中有1颗地雷

图 1

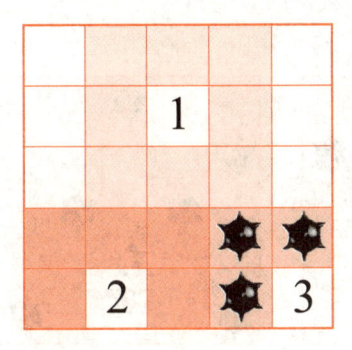

数字表示它周围的格子中有几个地雷

→ 数字 2 周围有 5 个格，5 个格中有 2 颗地雷

→ 数字 3 周围有 3 个格，3 个格全是地雷。

下面是常见的两类练习题型。

1. 根据地雷分布图填数字。

在图 2 中，老师根据周围地雷情况已经标出了一个数字 3。你能把其他格子中的数字标上吗？

填数字

算雷数

图 2　　　图 3

2. 根据数字找出共有多少颗地雷。

图 3 标记了数字，让我们找一下一共有多少地雷？

我们用 √ 表示有雷，用 × 表示无雷。

你试着找一下图 3 中总共有多少地雷吧！

练习题

如果你已经熟悉了规则和要求，就可以扫雷了。

1. 填数字。

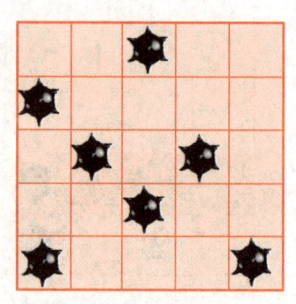

2. 找地雷。

1	1	2		
2				1
2			3	
		2		

0		1	1	
1		2		
2			2	1
			1	0

	2	3	2	
2				1
2				
3	4	3	1	
		1		

3		2		1
		2	1	1
2				
		3		3
	3			
2		3		1

3. 高阶挑战。

2		3			2	
						2
		2				
	2			4		
						2
	1		2			1
	2					
1			1			1

数字编码里的奥秘

张红英

游戏对象： 1~6年级学生。

游戏准备：

1. 准备一些身份证号码卡片。如：

××××× 198510230475　　××××× 201405280451

××××× 201204083245　　××××× 198801230042

2. 准备一些问题。

如：①你知道我的出生地吗？

②你知道我的生日是哪一天吗？

③你知道我多少岁了吗？

④你知道哪个数字表示男女吗？

⑤你知道为什么身份证号码里有字母"X"吗？

⑥你知道身份证号码有多少位数字吗？

游戏规则：

1. 可以两个人一起玩，也可以多人一起玩。

2. 一人抽出一张身份证号码卡片，一人提出准备好的问题，如他（她）是男生还是女生？

3. 答对了，其他人都要夸一夸他（她），答错了就要玩一个脑筋急转弯游戏或猜一个谜语（见附1，附2）。

游戏益处：

1. 寓教于乐，很有趣，学生们喜欢玩。

2. 培养逆向思维能力。

3. 提高反应能力和应用能力。

附1：

脑筋急转弯题库

1. 米的妈妈叫什么？——花，因为花生米

2. 米的爸爸叫什么？——蝶，因为米的妈妈是花，蝶恋花

3. 米的外公叫什么？——爆米花，因为抱过米，又抱过花

4. 米的外婆叫什么？——妙笔，因为妙笔生花

5. 什么猫不吃鱼？——熊猫

6. 什么马不吃草？——海马

7. 什么球不能踢？——仙人球

8. 什么果看不见？——杧果

9. 什么门不能锁？——脑门

附2：

谜语题库

1. 前面有一片草地（打一植物）。谜底：梅花（没花）

2. 前面又有一片草地（打一植物）。谜底：野梅花（也没花）

3. 来了一群羊（打一水果）。谜底：草莓（草没）

4. 来了一群狼（打一水果）。谜底：杨梅（羊没）

5. 一个小姑娘，立在水中央，身穿粉红袍，坐在绿船上（打一植物）。谜底：荷花

6. 有面没有口，有脚没有手，虽有四只脚，自己不会走（打一生活用品）。谜底：桌子

7. 兄弟七八个，围着柱子坐，大家一分手，衣服就扯破（打一蔬菜）。谜底：大蒜

8. 白嫩小宝宝，洗澡吹泡泡，洗洗身体小，再洗不见了（打一生活用品）。谜底：肥皂

9. 一个铁娃娃，没爸又没妈，生来最聪明，干啥他都行（打一物）。谜底：机器人

10. 地下蜘蛛网，火车上面跑，从来不堵车，人人夸它好（打一交通工具）。谜底：地铁

巧解九连环

汪 婷

游戏背景： 九连环简称"连环"，因环中蕴含着深刻的数学原理，有助于培养人的逻辑思维，启发人的智力，故也称"智环""巧环"。九连环历史悠久，流传甚广，据《连环可解》《战国策》等古代文献记载，早在战国时期就颇为流行，距今已有 2 000 多年。九连环是中国传统的有代表性的智力玩具，凝结着中华优秀传统文化，富有极强的趣味性。

游戏益处：

1. 其挑战性可磨炼韧性。
2. 其规律性可开发逻辑思维能力。
3. 其趣味性可激发好奇心。
4. 其多样性可训练创造力。

游戏准备： 九连环。

游戏对象： 1～3 年级学生。

游戏步骤：

解环之前注意两个要点。

要点 1：

每一环的拆解和安装，要从环柄中间进和出。如果环在柄上，环上的棍子在环柄之外就错了。

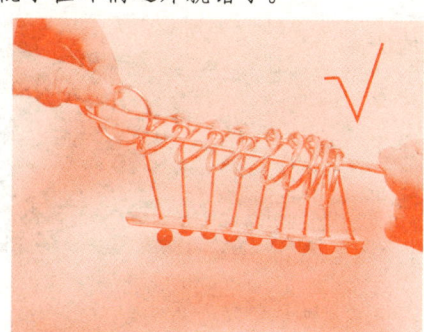

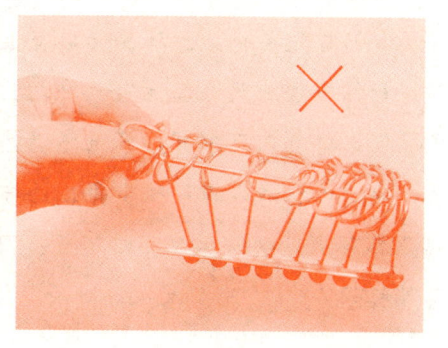

要点2：

除第一环外，每一环拆解或安装时，必须保证该环前面仅有一环在环柄上。

比如：要解第三环，则只能第二环在环柄上，第一环已被解开；要解第五环，则只能第四环在环柄上，前面三环都已被解开……

1. 解开第一环和第三环。

在初始的状态下，所有的圆环都是套在环柄上的，我们首先把第一环从左边拿起，从上边放下来，解开第一环，运用同样的办法，我们可以把第三环解开。

2. 解开第二环。

要解开第二环，我们首先要将第一环套上，套上的方法与拆卸方法相反，套上第一环之后，我们就可以将第一环和第二环同时解开，再解开第三环，这样第一、二、三环就解开了。

3. 解开第五环。

利用步骤一将第五环解开，由于有第四环在上面，第五环解开是很简单的，直接拿下就行。

4. 解开第四环。

解开第四环和解开第二环是一样的方法，我们首先要将第三环套上，套上的方法与拆卸方法相反，套上第三环之后，我们就可以将第四环解开，第三环仍然在上面。我们再利用步骤一和步骤二的方法将第三环解开，这样第一、二、三、四、五环就解开了。

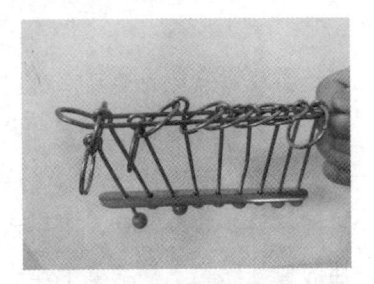

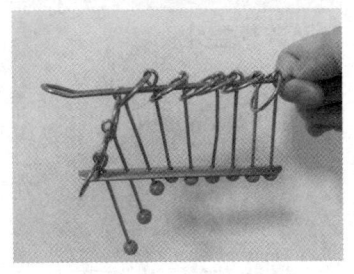

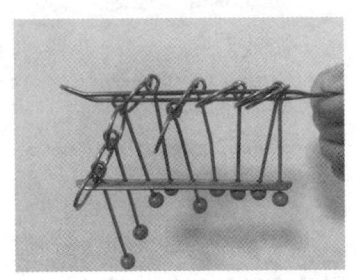

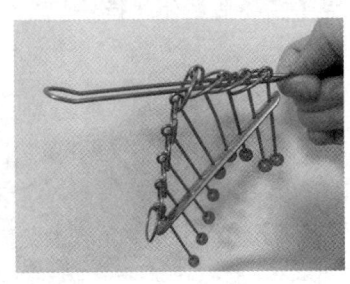

5. 解开第七环。

利用步骤一的方法将第七环解开，由于有第六环在上面，第七环解开是很简单的，直接拿下就行。

6. 解开第六环。

套上第五环，方法与拆卸方法相反。套上第五环之后，我们就可以将第六环解开，同时利用上面的方法可以将第五环也解开，这样第一、二、三、四、五、六环就解开了。

7. 解开第九环。

利用步骤一的方法将第九环解开，由于有第八环在上面，第九环解开是很简单的，直接拿下就行。

8. 解开第八环。

套上第七环（步骤较多），套的方法与拆卸方法相反。套上第七环之后，我们就可以将第八环解开，同时利用上面的方法可以将第七环也解开，这样九连环就解开了。

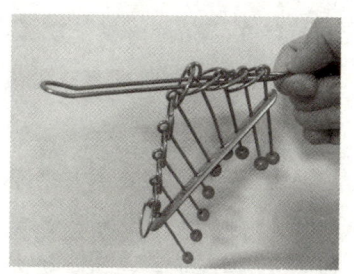

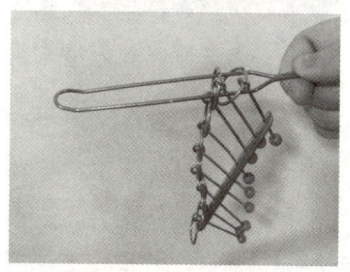

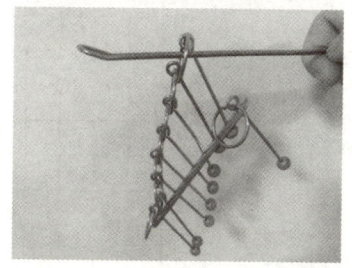

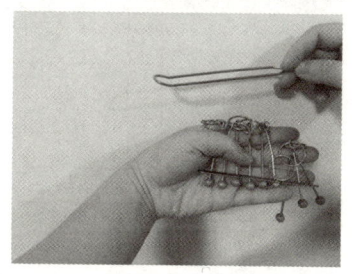

五子连珠，策略为上

黄金华

游戏背景： 五子棋起源于中国，发展于日本和欧洲，风靡于全世界。

相传早在"尧造围棋"之前，五子棋游戏在民间就已经相当盛行了。五子棋到18世纪末期成为与围棋同级别的棋种。

游戏益处：

1. 老少皆宜，取材简单。

2. 趣味横生，引人入胜。

3. 增强思维能力，提高智力。

4. 富含哲理，有助于修身养性。

游戏对象：4~6年级学生。

游戏准备：

1. 用木板、硬纸板、塑料板等环保材料制成棋盘，如图1。

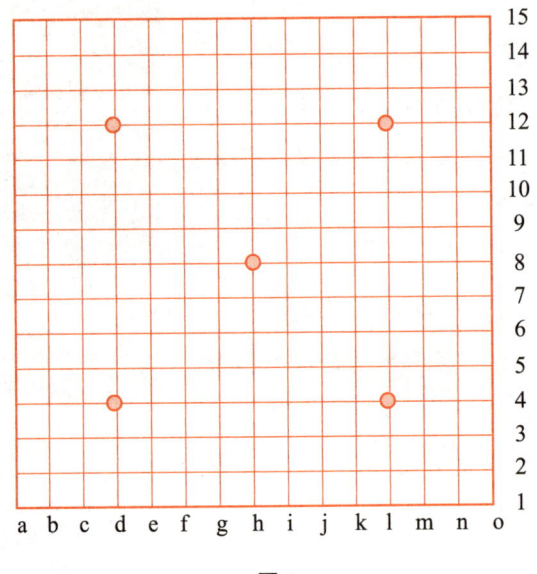

图1

2. 准备黑、白两色棋子。标准数一般是黑子113枚，白子112枚。

3. 学生还可以就地取材，用带有格子的本子或者自己画的格子作棋盘。棋子可以用两种不同颜色的笔临时画上去。

游戏规则：

1. 两人对局，对局双方各执一色棋子。

2. 空棋盘开局。开局之前先猜棋子，一方随手抓一把棋子，另一方猜奇偶数，猜对的一方得黑子先下第一手；猜错了，则另一方得黑子先下第一手；下一局由对方下第一手（也可以用其他方法来决定谁先下第一手，比如石头剪刀布等）。

3. 黑先白后，交替下子，每人每次只能下一子。

4. 棋子下在棋盘的空白点上，棋子下定后，不得向其他点位移动或拿起。

5. 黑方的第一枚棋子可下在棋盘任意交叉点上。

6. 轮流下子是双方的权利，但允许任何一方放弃下子（PASS 权）。

游戏玩法：

1. 五子棋分为黑棋和白棋，通过相互对垒取得胜利，先在横向、纵向、斜向中任何一个方向五连子的一方即可获胜（斜向必须是小方格的对角线方向，如图2）。

2. 如果被堵住要道，就要重新选择出路，一般敌方三子相连时，就要堵住。

3. 整个棋盘下满棋子时都没有人做到五连子，即为平局。

图 2

游戏技巧：

1. 一般只要对手形成了"活3"（即两头都无我方棋子阻挡），则我方应当采取"防御"措施堵住对手"活3"的一端，保证对手不能形成五子连珠。如图3，黑棋在斜向上已经形成了"活3"，白棋下一步就要堵住"活3"一端。可以堵上端或者下端，这两种堵法从规则上来说都可以。但是对于白棋来说上端与现有棋子的联系更加紧密，所以堵上端对于白棋来说是守中有攻。

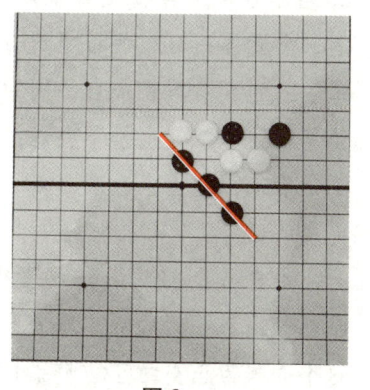

图 3

2. 下子要下在活棋多的地方，这样才有更多获胜的棋步，可下的地方多了，获胜的概率就大了。如图4，黑棋在三个打×的位置能形成多个活棋，获胜的概率会大一些。

123

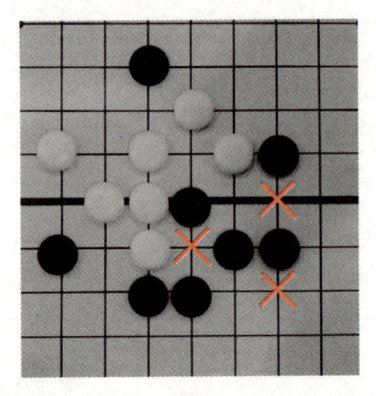

图 4

色块拉丁方阵游戏

陶 红

游戏背景： 据说普鲁士的腓特烈大帝曾组成一支仪仗队，仪仗队共有 36 名军官，来自 6 支部队，每支部队中，上校、中校、少校、上尉、中尉、少尉各一名。他希望这 36 名军官排成 6×6 的方阵，方阵的每一行、每一列的 6 名军官来自不同的部队并且军衔各不相同。令他恼火的是，无论怎么绞尽脑汁也排不成。

后来，他去求教瑞士著名的大数学家欧拉。欧拉发现这是一个不可能完成的任务。

来自 n 个部队的 n 种军衔的 n×n 名军官，如果能排成一个正方形，每一行、每一列的 n 名军官来自不同的部队并且军衔各不相同，那么就称这个方阵为正交拉丁方阵。欧拉猜测在 n＝2，6，10，14，18，⋯时，正交拉丁方阵不存在。然而到了 20 世纪 60 年代，人们用计算机排出了 n＝10 的正交拉丁方阵，推翻了欧拉的猜测。现在已经知道，除了 n＝2，6 以外，其余的正交拉丁方阵都存在，而且有多种构造的方法。

游戏益处：

1. 激发学生的主动性和创造性。

2. 锻炼动手操作的能力，提升逻辑思维能力。

3. 集中注意力，提高专注力。

游戏准备： 6种颜色的方块每种颜色6个。

游戏对象： 一、二年级学生。

游戏规则： 色块拉丁方阵的数字可以自定，比如1×1，2×2，3×3，⋯，每选定好一种方阵，就要准备相应的颜色和数量的纸片，以6×6方阵为例，要准备6种颜色的纸片，每种颜色准备6张。

游戏技巧：

技巧一：将6种颜色的纸片分类整理好，每种颜色一摞，再将每种颜色的纸片依次放入第一行的6个格子里。

摆第二行的时候，按照与第一行颜色相反的顺序摆放。

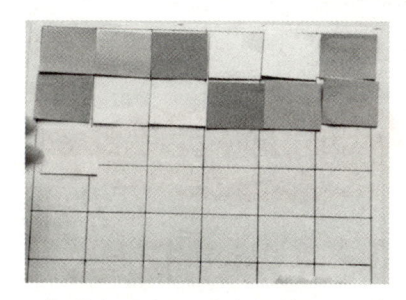

依次这样摆下去，使得每种颜色在每行每列只出现一次。

技巧二：可以先选定一种颜色全部摆好，先摆在对角线上。

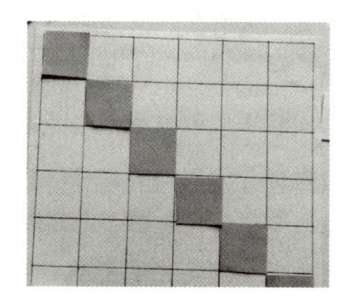

剩下的按照这样的规律摆。

最终实现每行每列每种颜色只出现一次。

也可以固定好几个方块,剩下的方块填入方阵中。

报数游戏

王新美

游戏背景: 关于报数游戏,这里有一个源于以色列的故事。亚当和约瑟曾经是一对好朋友。一天,他们驾驶渔船出海,突然遇上了风暴,渔船在汹涌的波涛中几近倾覆,两人顿时惊慌失措。为了保全性命,他们把所有的行李都抛入大海,以减轻渔船的重量。但是由于巨浪击坏了船舱,渔船还是承载不了两个人的重量。这时,要么两人同归于尽,要么一个人跳海,让另一个人获得生还的希望。他们都不想死,都希望自己能够留在船上。亚当提出用一种古老的报数游戏方法来决定谁留下,谁跳海。方法如下：两人轮流报数，每次只能报1或2，把两人报的所有数加起来，谁报数后，和正好是10时，谁就留下。亚当坚持自己先报数，约瑟想先报和后报应该没有什么区别，于是同意了亚当的提议。亚当先报出1，随后约瑟报2，亚当跟着报1，约瑟报1……很快，游戏结束，是亚当先报出的和是10。约瑟遵守了自己的诺言，跳入了波涛汹涌的大海。亚当虽然留在了船上，可是最终渔船还是沉没了，他也没能逃脱死亡的命运。故事到这里就结束了。你知道吗，亚当提出的用报数来决定谁生谁死的办法，看上去很公平，其实里面隐藏着一个阴谋，亚当知道只要坚持自己先报数，就一定能先做到自己报数后和是10，你想出其中的缘由了吗？亚当的想法是如果自己先报1，就能让约瑟报出和是8或9的数。所以，只要争取先报数，并且报1，就一定能赢。

游戏益处：

1. 培养数感，提升数学素养。

2. 锻炼逆向思维的能力，提升逻辑思维能力。

3. 集中注意力，提高专注力。

游戏准备：

计数表格

	甲	乙	甲	乙	甲	乙	甲	乙
和								

游戏对象： 三、四年级学生。

游戏规则： 两个人轮流报数，每次只能报1或2，把两人报的所有数加起来，谁报数后，和是10，谁就获胜。如果让你先报数，为了确保获胜，你第一次应报几？接下来怎样报？

游戏技巧：

1. 倒推法。

假设先报数的人是甲，则甲也应是最后报数的人才能确保获胜。

最后报数的人只能报1或2，因此，乙最后报数后数之和只能是8或9，甲才能获胜。

乙最后一次报数前，数之和应是7，这样乙一次报不完，之后甲可以报完，甲就能获胜。

倒数第三轮乙报数时数之和可能是5或6。

倒数第二轮乙报数时数之和可能是8或9。

所以甲首次报数1，后续报数为（3减去乙所报的数）即可获胜。

只要甲确保先报数，即可掌控输赢。

2. 找规律。

因为每次报数只能是1或2，两个人每一轮下来报数之和最大是3，10是3个3加1，因此先报数的人只要确保第一次报的数字是1，后面每一轮确保两个人报数之和等于3，即能确保获胜。

不论是数列找规律还是图形找规律，都需要比较敏锐的观察力。尤其是一些规律藏得较深，需要胆大心细才能发现。

顺藤摸瓜与追根溯源

胡小军

游戏背景： 计算能力是一项基本的数学能力，是学习数学和其他学科的重要基础。学生们普遍觉得计算枯燥无味，因此，将计算能力、数感以及专注度的培养巧妙融入游戏中，寓教于乐，就显得很有必要。学生们在了解了游戏机制后，不仅能体验游戏，还可以改编、自制游戏，从而在创意表达中充分发展数学思维，提高学习数学的兴趣和信心。

游戏益处： 培养和提升计算能力，训练学生的逻辑思维能力。

游戏对象： 1~6年级学生，可3~6人一起玩，不受时间和空间限制。

游戏准备： 数字卡片或扑克牌一套。

游戏步骤：

先选定一名主持人，主持人随机抽取数字卡片或扑克牌，并发出指令，其他同学按照主持人的指令迅速说出答案，最先答对的得1分，先得满 10 分者为获胜者。

1. 游戏一：顺藤摸瓜（顺思维）。

①初级阶段（适合一、二年级）。

主持人随机抽取的数字卡片或扑克牌只能是一张，发出的指令只能是一步计算。比如：主持人随机抽取的一张数字卡片或扑克牌是 6，发出指令"6＋7"，其他参与者抢答。

②中级阶段（适合三、四年级）。

主持人随机抽取的数字卡片或扑克牌可以是两张，发出的指令可以是一步或多步计算。比如：主持人随机抽取的数字卡片或扑克牌是 5 和 7，用 5 和 7 组成两位数 57 或 75，然后发出指令"75÷5－6"，其他参与者抢答。

③高级阶段（适合五、六年级）。

主持人随机抽取的数字卡片或扑克牌可以是两张，发出的指令可以是一步或多步计算，也可以涉及分数。比如：主持人随机抽取的数字卡片或扑克牌是 5 和 7，用 5 和 7 组成两位数 57 或 75，然后发出指令"比 57 多三分之一的数是多少"，其他参与者抢答。

2. 游戏二：追根溯源（逆思维）。

①初级阶段（适合一、二年级）。

主持人随机抽取的数字卡片或扑克牌只能是一张，发出的指令只能是一步计算，但必须要逆向思考。比如：主持人随机抽取的一张数字卡片或扑克牌是 6，发出指令"6 乘多少得 24"，其他参与者抢答。

②中级阶段（适合三、四年级）。

主持人随机抽取的数字卡片或扑克牌可以是两张，发出的指令可以是一步或多步计算，但必须要逆向思考。比如：主持人随机抽取的数字卡片或扑克牌是 5 和 7，用 5 和 7 组成两位数 57 或 75，然后发出指令"75 除以多少所得的结果，加上 6 得 9"，其他参与者抢答。

③高级阶段（适合五、六年级）。

主持人随机抽取的数字卡片或扑克牌可以是两张，发出的指令可以是一步或多步计算，也可以涉及分数，但必须要逆向思考。比如：主持人随机抽取的数字卡片或扑克牌是 5 和 7，用 5 和 7 组成两位数 57 或 75，然后发出指令"比什么数多二分之一的数是 57"，其他参与者抢答。

特别说明：本游戏对主持人要求比较高，主持人要根据参与小学生的年龄、能力甚至当时的状态，设计出形式多样的指令，但设计的指令应让参与者能迅速回答。

玩转鲁班锁

余 君

游戏背景：

鲁班锁也叫孔明锁、八卦锁，亦称别闷棍、六子联方、莫奈何、难人木、烦人锁、七号锁等，是一种广泛流传于中国民间的智力玩具，被称为"中国人自己的魔方"。

春秋时期的鲁国人鲁班是中国木匠的祖师及细木工具技术的创始人。传说鲁班为了测试儿子是否聪明，用6根木条制成了一件可拼可拆的玩具，叫儿子拆开。儿子忙碌了一夜，终于拆开了。这个玩具就叫作鲁班锁。之后，在众多能工巧匠的传承下，鲁班锁已经发展到如今的800多种，深受各国玩家的喜爱。

鲁班锁起源于中国古代建筑中的榫卯结构，涉及建筑学、物理学以及数学（几何学、拓扑学、图论、运筹学等）多门学科。鲁班锁不用钉子和绳子，完全靠木块自身结构的连接支撑，就像一张纸对折一下就能够立得起来，展现了一种看似简单却奥秘无穷的智慧。

游戏益处：

1. 放松身心、开发大脑。

2. 培养观察力和空间思维能力。

3. 体验古人的智慧，领略科学的奥秘与趣味。

4. 集中注意力，提高专注力。

游戏对象： 三、四年级学生。

游戏准备： 六根锁。

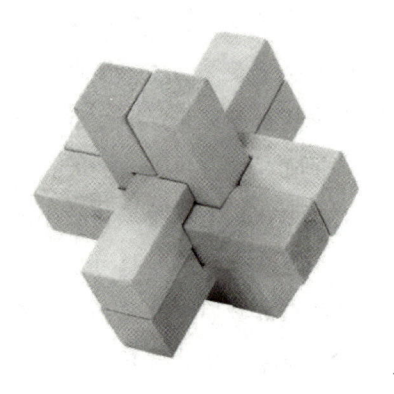

游戏规则：

鲁班锁种类繁多，比较常见的有几十种，如球形、棱形、方形、菠萝形、动物形、宝盒形、宝塔形、古建筑形、十字形、双十字形等。鲁班锁多种多样，决定了它丰富多彩的玩法。但本质上，玩法的精髓在于一个"锁"字，能够解开鲁班锁，并且再锁上它完成拼装，就算成功。

我们以较为经典的六根锁为例。

游戏玩法：

开锁技巧：

先找到一根可以旋转的木条，向上旋转90度，把它旁边的木条拿掉，再拿掉上面的木条就可以完全拆卸。

拼装技巧：

第一步：观察并熟悉鲁班锁的6根木条，并按照顺序为6根木条编号（如图1）。

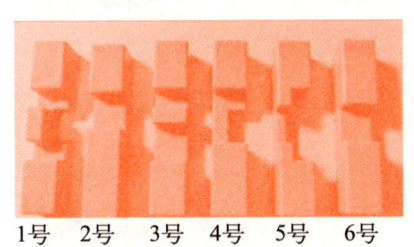

图1

第二步：将1号木条和2号木条拼装成十字形，缺口卡在下面往左边靠近（如图2）。

图2

第三步：将3号木条拼接到十字形中。右手捏着3号木条的前半部分，紧贴1号木条，垂直划入2号木条凹槽处（如图3）。

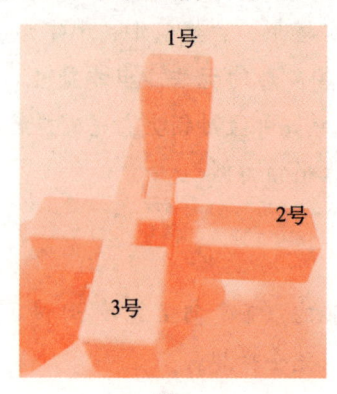

图 3

第四步：将4号木条卡到1号木条上面的凹槽中。右手捏着4号木条的上半部分，此时4号木条凹槽朝上，4号木条与2号木条平行（如图4）。

图 4

第五步：将5号木条紧贴1号木条放置。5号木条刚好卡入3号木条的凹槽中（如图5）。

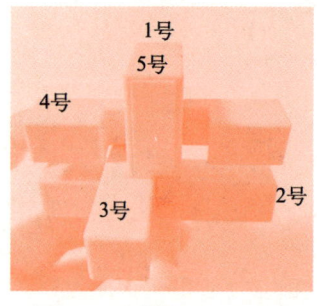

图 5

第六步：将6号木条凹槽朝下，紧贴3号木条放置。6号木条从2号和4号木条中间平行划入，紧贴3号木条放置（如图6）。

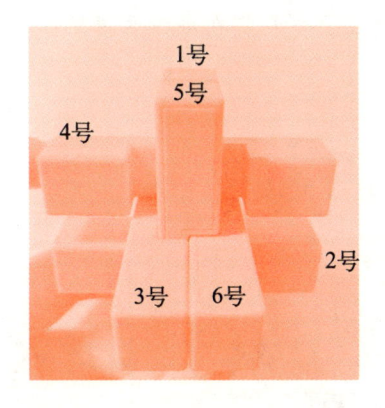

图6

第七步：将4号木条向前旋转90度锁好"钥匙"（如图7）。

图7

游戏拓展： 鲁班锁的种类各式各样，千奇百怪。其中六根锁和九根锁最为著名。六根锁按照榫形，主要分为两大类。当然，六根锁的榫形是远远不局限于两类。九根锁有9根木条，挑选其中的若干根，可以完成"六合榫"、"七星结"、"八达扣"和"鲁班锁"四种咬合结构，实为不易。

生活应用：

当代很多建筑设计暗含了鲁班锁榫卯结构的意义，外表美观，结构合理。

鲁班锁结构还应用在器具上，比如说筷子篓。制作时要用到还没有干燥的竹子，先用竹子做出鲁班锁结构的框架，再将木板嵌入框架中。竹子干燥后，器具的结构就会变得紧密结实，不能再打开。今天，鲁班锁有了更加复杂的结构，从外形到材料都在不断改变着，甚至以特殊的造型方式在艺术领域崭露头角。

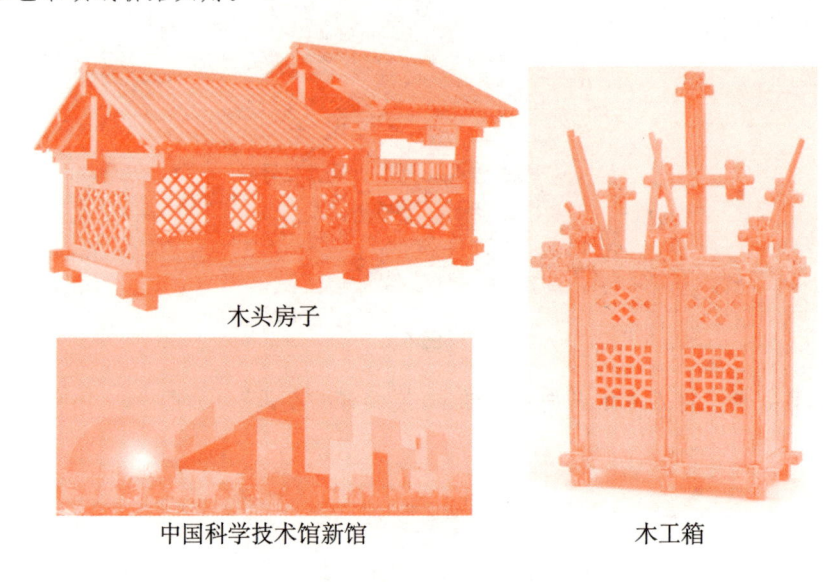

木头房子

中国科学技术馆新馆

木工箱

玩转神奇的莫比乌斯带

祝 翠

游戏背景： 莫比乌斯带，是一种只有一个面和一条边界的曲面，也是一种重要的拓扑学结构。它是由德国数学家、天文学家莫比乌斯和约翰·李斯丁在1858年发现的。这个结构可以用一个纸带旋转半圈再把两端粘上之后轻而易举地制作出来。

作为一种典型的拓扑图形，莫比乌斯带引起了许多科学家的研究兴趣，并在生活和生产中有了一些应用。例如，动力机械的皮带就可以做成"莫比乌斯带"状，这样皮带就不会只磨损一面了。此外，莫比乌斯带也是艺术家眼中的经典造型。工厂、车站的传送带，计算机打印机的色带，缓解交通压力的立交桥，游乐园中有趣刺激的过山车等等都是利用了莫比乌斯带的原理来设计的。

游戏益处：

1. 在"动手做"的过程，可亲身体验莫比乌斯带的神奇和无穷魅力。

2. 拓展数学视野，激发好奇心和创造欲望。

3. 通过游戏，能真切地体验到数学就在自己身边。

游戏对象： 4～6年级学生。

游戏准备： 剪刀、双面胶、彩笔、两条长纸带。

游戏步骤：

1. 做两条长纸带，两面涂上不同的颜色并标上序号（1）（2）。

2. 把（1）号纸带的两端粘贴在一起，形成一个环；捏住（2）号纸带的一端，将另一端扭转180度，再将纸带粘贴起来，也形成一个环。

3. 用彩笔涂一涂（2）号环，看是否能一次连续不断地涂完整个面。再用剪刀沿（2）号环的中线剪开，你发现了什么？

4. 最后沿（2）号环离边缘 1/3 宽度的地方一直剪下去，会形成一个神奇的环。

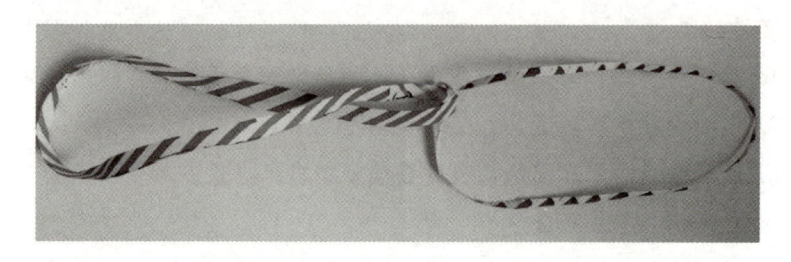

游戏拓展：制作过程中把纸带一端旋转 180 度、540 度、900 度……都符合莫比乌斯带的定义（180 度的奇数倍均可以）。

殊途同归——24 点游戏

甘双胜

游戏背景：24 点游戏据说是由华人孙士杰先生发明的。24 点游戏如象棋、围棋一样是一种人们喜闻乐见的娱乐活动，它以自己独具的数学魅力和丰富的内涵正逐渐被越来越多的人所接受。这种游戏简单易学，能健脑益智，是一项极为有益的活动。

游戏益处：

1. 提高计算能力和计算速度。
2. 激发发散性思维能力。
3. 拓展逻辑思维能力，让学生能够举一反三地解决问题。

游戏准备：扑克牌、数字卡片。

游戏对象：3～6 年级学生。

游戏规则：任意选 4 个数字（可以重复），每个数必须用一次且只能用一次，利用加、减、乘、除四则运算计算出所指定的答案"24"。比赛方法有很多，可以比试计算速度，也可以比试谁的方法较多，还可以利用填空题形式填上数字或符号等，或者自创比赛形式以增加难度及趣味性。

游戏技巧：

1. 乘法。

最常见的算法是 3×8、4×6、2×12，所以最先考虑的应该是上述 3 种算法。例如：(1+2)×(1+7)=24。

2. 先乘后加。

常见的有 2×7+10，3×5+9，2×9+6，3×7+3。例如：(1+2)×5+9=14。

3. 先乘后减。

常见的有 3×9-3，4×7-4，5×6-6。这种类型里较难的是减数是由两个数相加而得的。例如：5×7-(2+9)=24。

4. 消去法。

有时候，3 个数就可以算出 24，多出来一个数，可用消去法，将多余的数消去。如 3、5、9、10，3×5+9=24，多出一个 10，而 10-5=5，可将 10 消去，即 3×(10-5)+9=24。还可用乘法的分配律消去，如 2、5、8、8，(5-2)×8=24，多出一个 8，这时可将算式改为 5×8-2×8=24，从而将多余的 8 消去。

5. 会意法。

比如4、4、4、4，4×4表示4个4，再加2个4，就是6个4，即4×4+4+4=24。又如，2、7、8、9，9+7是2个8，再乘以2，变成4个8，再减一个8等于3个8，即（7+9）×2-8=24。

6. 上天法。

先将数乘得很大，最后再除以一个数得24，如10、10、4、4，（10×10-4）÷4=24。

7. 入地法。

先将数算成分数或小数，最后乘以一个数得24，如3、3、7、7，即（3+3/7）×7=24。

8. 化除为乘法。

用一个数除以一个分数，相当于乘以一个数，最后得24。如3、3、8、8，8÷（3-8/3）=24。

多变的正方体——正方体展开图

刘 娟

游戏背景： 正方体的展开图是指将一个正方体的各个面按照一定规则展开成为一个平面图形。展开图是用来展示正方体的各个面以及它们之间的关系的。

正方体的展开图可以帮助我们更好地理解和研究正方体的性质、结构以及空间关系。在几何学中，正方体是一种简单而重要的立体图形，通过展开图，我们可以方便地观察和理解它的各个面以及它们之间的相对位置关系。

正方体的展开图在许多领域中得到了广泛的应用，比如制作纸箱、折纸等。展开图可以帮助人们设计和制作出符合要求的平面图形，并且能够清晰地展示出各个面的形状和大小。

游戏益处：

1. 培养空间想象能力。
2. 理解旋转对称性在几何中的应用，培养对称观察能力。
3. 帮助解决实际问题。
4. 培养几何学思维和图形推理能力。

游戏准备： 正方体模型、正方形磁力片12个。

游戏对象： 五、六年级学生。

游戏规则： 画出正方体的所有展开图。

游戏技巧：

技巧一：沿正方体的棱剪开，画出它的展开图。

技巧二：用磁力片拼成正方体，再展开，观察展开图的特点，并画下来。

正方体有11种展开图，分为四类：

第一类，中间四连方，两侧各有1个，共6种，如图1至图6：

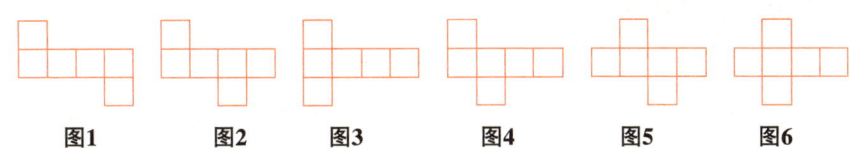

图1　图2　图3　图4　图5　图6

第二类，中间三连方，两侧各有一两个，有3种，如图7至图9：

图7　图8　图9

第三类，三连方相连，只有1种，如图10：

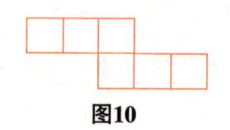

图10

第四类，中间两连方，两侧各有一个两连方，只有1种，如图11：

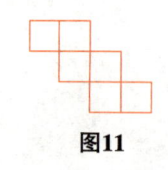

图11

骰子对对碰——掷一掷"可能性"

刘丽琴

游戏背景：

三四百年前在欧洲许多国家，贵族阶层盛行赌博之风，掷骰子是他们常用的一种赌博方式。骰子的形状为小正方体，当它被掷到桌面上时，每个面向上的可能性是相等的，即出现一点至六点中任何一个点数的可能性是相等的。有的参赌者就想：如果同时掷两颗骰子，则点数之和为9与点数之和为10，哪种情况出现的可能性较大呢？

17世纪中叶，法国有一位热衷于掷骰子游戏的贵族德·梅耳发现了这样的事实：将一枚骰子连掷4次至少出现一个6点的机会比较多，而同时将两枚骰子掷24次，至少出现一次双6的机会却很少。

这是什么原因呢？后人称之为德·梅耳问题。

游戏益处：

1. 在游戏过程中逐步聚焦数学问题，通过图表等多种方式表达数学活动的结果，提高学生的推理能力和数据分析能力。

2. 提高学生对数学的学习兴趣，在游戏中激发好奇心和创造力，培养数据分析观念。

3. 促进学生社会化发展，在游戏中增强交往合作意识和能力。

游戏准备： 骰子两个，统计图（如图1）。

出现的次数

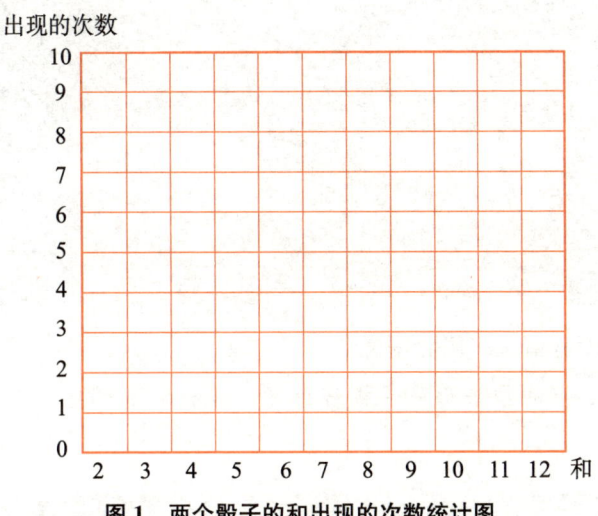

图1 两个骰子的和出现的次数统计图

游戏对象： 4~6年级学生。

游戏的核心问题： 同时掷两个骰子，得到点数之和是5、6、7、8、9的可能性大还是2、3、4、10、11、12的可能性大？为什么？

游戏过程：

一、猜想——启动思维

同时掷两个骰子，计算点数之和，甲组选2、3、4、10、11、12，乙组选5、6、7、8、9，哪个小组获胜的可能性大？

二、实验验证——聚焦数学

每次同时掷出两个骰子，计算点数之和，和是几，就在统计图中相应位置涂一格，涂满任意一列，游戏结束，记录员做好记录。

1. 每人掷5次，小组成员全部掷完以后进行数据整理。

2. 每人掷10次，小组成员全部掷完以后进行数据整理。

3. 每人掷N次，小组成员全部掷完以后进行数据整理。

三、深度分析——用数据说话

把所有小组的结果形成一幅统计图，分析和是哪些数字的可能性大一些。

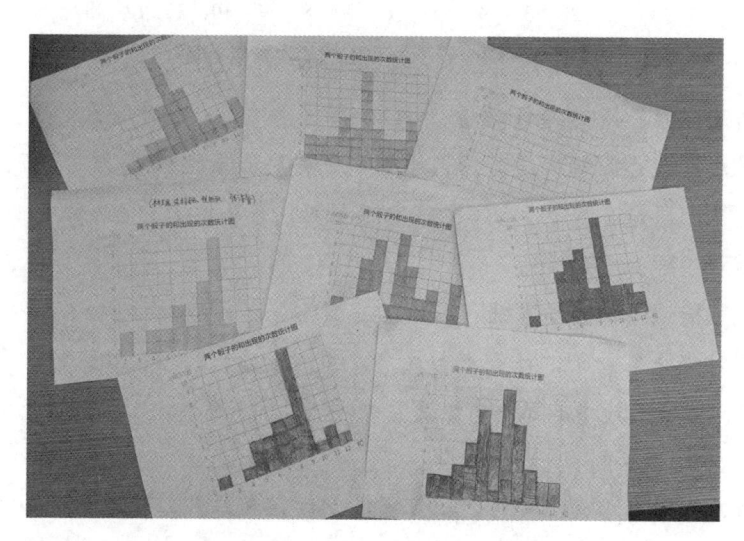

整理数据，思考样本大小对结论的影响，增强判断能力。通过对全班实验结果的整理，分析数据，让数据说话。

四、溯源——知其所以然

思考：点数和出现的可能性与什么有关？

1. 想一想、写一写，分析每一种点数和的组成情况。

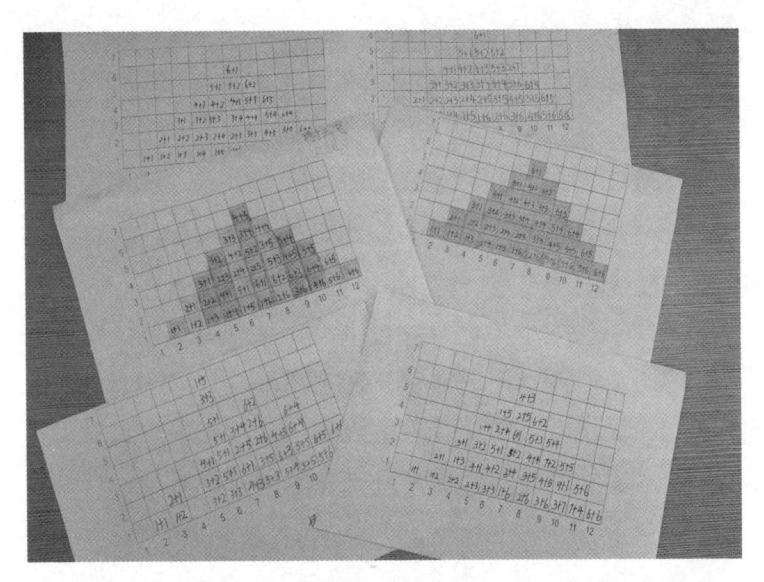

2. 再次对比我们掷骰子的情况统计表和千次投掷实验统计图。

五、挖掘本质——创新应用

1. 双色球对对碰。

商场进行抽奖活动，规定凡在商场购物满 100 元的顾客，可到抽奖箱抽两个数字球，根据两个球上数字的和领取相应的奖品（抽奖箱共有 6 对球，每对球上的数字分别是 1~6）。

如果你是商场经理，你会如何设计奖项？

和是（　）或（　）为一等奖

和是（　）或（　）为二等奖

和是（　）或（　）为三等奖

和是（　）或（　）为四等奖

2. 小小设计师。

设计公平游戏：

有背面相同，正面分别写有 1、2、3、4、5、6、7、8、9、10 的 10 张数字卡片，请你设计一种公平的游戏和游戏规则。

小小 玩转课堂，究竟谁输谁赢，快来试一试吧！

七巧板拼图游戏

丁胜辉

游戏背景：七巧板起源于宋代，最早称作"燕几图"，创始人是黄伯恩。由一个正方形分割的七块几何形状木块可以拼排成千变万化的几何图形，形似各种自然事物，"纵横离合，变态无穷"。七巧板不但流传于中国大地，近年来在西方国家也是备受瞩目，因为各种拼图能够启发儿童智力，因此被视为儿童智力开发的必选玩具。七巧板包含两块小的全等三角形，一块中等大小的三角形，两块大的全等三角形，一块正方形和一块平行四边形。

游戏益处：对学生的形状概念、视觉分辨、视觉记忆、手眼协调、发散思维等方面的发展都能起到积极的作用。

游戏准备：七巧板一副。

游戏对象：1～6 年级学生。

游戏规则：

1. 拼图时七个组件都必须使用到，而且只能用一次。

2. 七个组件之间要相连，连接可以是点与点、边与边，无论拼成什么图形，总面积一定相等。

3. 可以一个人玩，也可以几个人同时玩。

游戏技巧：

拼图口诀：拼图先找特殊处，直接连线没问题。基本图形一刀切，面积边长是依据。先用大块拼小图，用过板块不再用。最后我们看整体，不合适处细调整。

1. 拼图先找特殊处，直接连线没问题。

当拿到一副七巧板时，人们最直接的反应就是先对图形整体进行判断，从图形特征最明显的地方入手，猜想这些地方大概是由哪些板块拼凑而成的，然后再逐一进行试验，验证之前的猜测。在七巧板图形中，最明显也最好判断的地方主要包括三类：边角相连的地方、与七巧板边长明显不符的地方以及明显能看出所用板块的地方。

2. 基本图形一刀切，面积边长是依据。

根据七巧板各板块之间存在的面积、边长关系，我们可以先将这些板块作为一个整体来考虑。面积最大的、边长最长的先放一边，这样一来，我们要考虑的板块数量就会少于7个，七巧板可能就变成了六巧板、五巧板，甚至是四巧板、三巧板，也就大大降低了拼图难度。

3. 先用大块拼小图，用过板块不再用。

我们可以从图案中面积较小的部分开始，当图案是完整的一块时，可选择七巧板中稍大的板块来拼。如果某一图形本身就是七巧板中的一个板块，则直接使用这一板块。如果出现一种形状有多种不同的拼法时，应优先选择用面积较大的板块来拼，而留下较小的板块。这是因为面积较大的板块可以由面积较小的板块组成，小板块在使用上更加灵活。因为每个板块都必须使用而且只能使用一次，所以在每次选择板块时，应该严格使用排除法，缩小选择的范围，保证在拼图过程中不出现遗漏或重复的错误。

4. 最后我们看整体，不合适处细调整。

拼接完成后，还要从整体上对拼接进行检查，例如外观是否与图例完全一致，确保拼接正确无误。另外，因为七巧板中一图多解的现象非常普遍，因此在不影响拼接正确性的前提下，可对图形进行适当调整，使之尽量美观。

猜神秘数

程昊林

游戏介绍： 猜神秘数是一种简单而有趣的数学游戏，可以在家或学校与朋友一起玩。游戏对象为1～6年级学生，游戏人数最好是2～10人，游戏的目标是猜出法官所选的神秘数。

游戏益处： 这款游戏可以提高学生的语言表达能力和分析、推理能力，提升学生的逻辑思维能力和判断能力，培养学生的数感以及合作意识和主动探索的精神。

游戏难度：

简单：从1～20中挑选；中等：从1～50中挑选；较难：从1～100中挑选。

游戏准备：

纸和笔，决定一人（或一组）当法官，另一人（或一组）当玩家。

游戏过程：

两人游戏

1. 两人玩石头剪刀布，胜者当法官，另一人当玩家。
2. 法官选出一个数，写在白纸上，将白纸放在玩家看不到的地方。
3. 法官说出这个神秘数所在的范围，如这个数是1～50之间的一个数。

4. 玩家写下这个神秘数的范围，然后开始向法官提问。例如：这个数大于25吗？

5. 法官回答"是"或者"不是"，以帮助玩家猜数。

6. 玩家继续提问，法官继续回答问题。

7. 玩家逐步缩小神秘数的范围，直到猜中神秘数则游戏结束。

8. 法官、玩家互换身份，再玩一轮游戏。

9. 比较两人提出的问题个数，问题总数少且猜出神秘数的人获胜。

多人游戏

将多人平均分成两个小组，游戏方法同两人游戏。

封锁游戏

肖云翔

游戏益处：

1. 培养学生的逻辑思维能力和判断能力。

2. 培养学生的策略意识，增强数学学习乐趣。

游戏准备：

教师准备：制作游戏棋盘，画一个横12格竖16格的棋盘。

学生准备：直尺、彩铅。

游戏规则：

在棋盘上画出一个12格的正方形或长方形。

两位学生轮流画一个正方形或长方形，不能再画则游戏结束。最后一个画出正方形或长方形的人获胜！

游戏拓展：

6格图形（较难）：轮流画6格图形，各图形里至少有一边重合。图形形状不能交叠（参考图1、图2）。最后一个画出6格图形的人获胜。

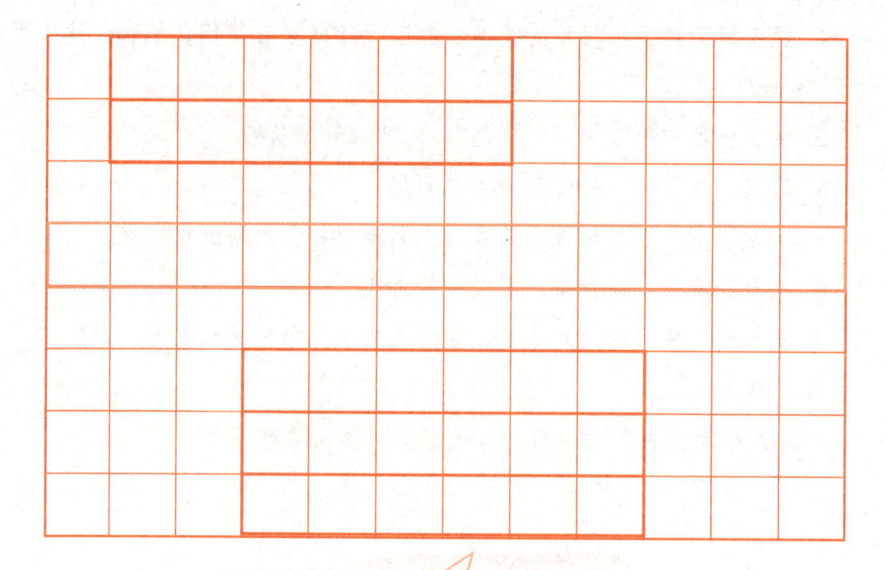

如果我画这里，能阻截对方吗？

图1

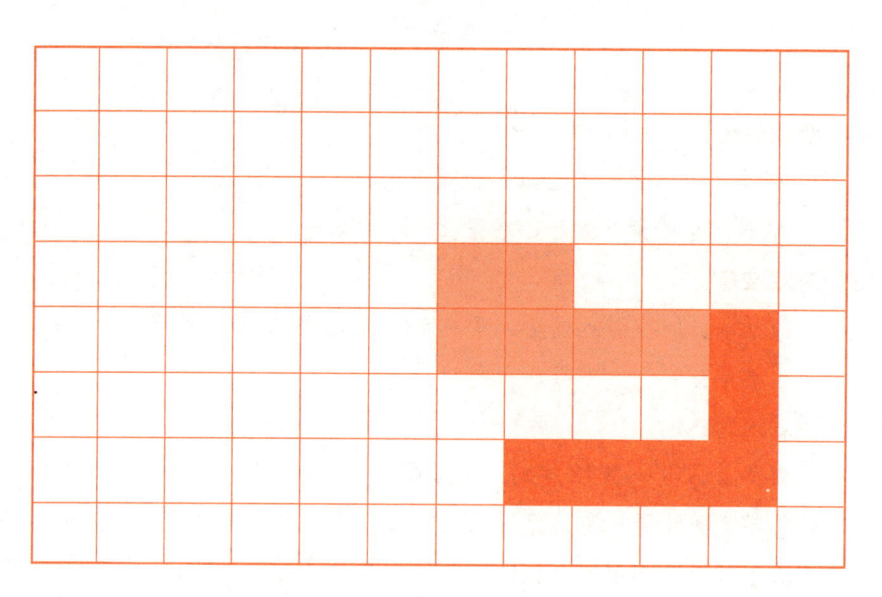

图2

谁的反应快

郭 成

游戏背景："谁的反应快"是两位小伙伴比拼反应能力的小游戏。开始后两人等待提示音，提示音响后看谁先抓住纸片或直尺，反应快者获胜。

游戏益处：通过游戏，可以锻炼孩子的反应能力，增强手眼协调能力，提升专注力。

游戏对象：1~6年级学生。

游戏准备：一张长方形纸（和100元人民币大小相当），两人一起玩游戏。

游戏步骤：

小游戏1：抓住纸片

第一步：伸出一只手，拇指、并拢的四指尽量张开；

第二步：让同伴把长方形纸片竖放在你的拇指和四指之间，使长方形纸片的底边与拇指在同一高度；

第三步：同伴松手，你要以最快的速度抓住纸片（尝试多次看能否抓住。注意只能一只手抓，手尽量张开）。

小游戏2：抓住直尺

准备一把带刻度的直尺，两人一起玩游戏。

第一步：伸出一只手，拇指、并拢的四指尽量张开；

第二步：同伴将直尺竖放（0刻度在下），使刻度0与拇指在同一高度；

第三步：同伴松手，你要以最快的速度抓住直尺；尝试多次，记录抓住直尺处刻度对应的数据，每人试玩三次，算三次数据的和。谁的数据和小，谁获胜（注意只能一只手抓，手尽量张开）。

神奇的"变"数

廖映霞

游戏介绍：这款游戏非常有趣，同样的数，不同的学生有不同的"变"法，玩游戏的过程就是一个创造规律的过程。初级游戏的后一个环节运用前面创造的规律"变"数；升级游戏中不断循环"变"数，每次变化规律不同，不同的学生想到的规律也不同，整个游戏充满了变化，能有效激发学生的探究兴趣。而且几个小组可以同时进行对抗赛，更加考验学生的思维能力和运算能力。

游戏益处：这款游戏让学生在游戏中充分发挥自主性，发展解决数学问题的能力，培养数感、运算能力、应用意识和创新意识。

游戏对象：中高年级学生。

游戏准备：空白卡片、笔。

游戏步骤：

初级游戏

第一名学生在一张空白卡片的正面和反面任意各写一个数（根据学段，可以是整数、小数、分数）。例如：在空白卡片正面写10，反面写16，意思就是10变成了16。第二名学生根据变化前的数与变化后的数，用至少两步运算的算式来表示出数的变化规律；成功后由第二名学生在自己的一张空白卡片正面写上一个数，让其他学生根据第一次找到的规律写出空白卡片反面的数……

升级游戏

在初级游戏的基础上，依次循环"变"下去。例如第一名学生在一张空白卡片正、反面任意各写一个数，第二名学生根据数的变化得到规律，依据规律写出第三个数，第三名学生需要用规律表示出第二个数和第三个数之间的关系，成功后写出第四个数，继而第四名学生用规律表示出第三个数和第四个数之间的关系，然后写出第五个数……

神奇的纸洞

马溶嵘

游戏介绍：准备一张 A4 纸，展开想象，自己动手用剪刀在纸上剪出一个洞来，要求能穿过一个小朋友。不要求剪的次数，但是不能把 A4 纸完全剪断。

游戏益处：

1. 培养学生的动手能力、协调能力和思维能力。

2. 培养学生的策略意识，增强数学学习的乐趣，并培养学生主动探索的精神。

游戏准备：一把剪刀和一张 A4 纸。

游戏思考：给你一张 A4 纸，你能剪出一个大洞吗？尝试一下吧！

如果我们想从这个"洞"钻过去，你认为可能吗？

游戏过程：

对折。把 A4 纸对折。

来回剪。从折痕一边开始剪，注意来回剪的过程中，不能剪断。

展开。展开后，剪断部分折痕（线段 AB 部分）。

打开。同样大小的纸，看看谁剪的洞更大。

同样大小的纸，裁剪的次数越多，纸张延伸得越长，洞越大。

游戏原理： 将纸对折，从折痕上的起点 A 向对面剪，再从对面向折痕剪，像这样来回剪，每次都不能剪到头。最后从折痕上的终点 B 再向对面剪，也不要剪到头。打开 A4 纸，从 A 点到 B 点剪断折痕，打开后就可以形成一个大洞了。咱们每剪一刀，就相当于给这个纸洞增加了两条与剪痕相等的周长，剪的次数越多，剪得越细，最后形成的周长就越长。跳出定式思维，你就能发现更有趣的世界！欢迎大家来挑战，比一比谁剪的纸洞更大吧！

数字炸弹——根据极限值（范围值）猜数字

邵雅晖

游戏背景： 我们在教学过程中发现不少低年级的学生在"认识人民币"一章课后练习题——猜价格上理解不到位，究其原因，应当是学生们的社会经验尚浅，不能对"买一个篮球付了 1 张 50 元，找回的钱不到 5 元，这个篮球的价格是多少钱？"中"找回的钱不确定"的这类问题做出迅速理解和反应。于是就需要化繁为简，让学生们先体会最基础的如何根据范围来猜数，从而引导学生们理解和掌握课本上的这类考点。

游戏益处：

1. 此游戏有着极高的趣味性，不仅能提高小学生分析判断的能力，还能培养他们运用策略的意识。

2. 参与数学游戏，遵守游戏规则，体验与同伴进行思维博弈从而带来的快乐。

3. 在最后的表演展示或"受惩罚"环节，能让彼此拉近距离，展示各自的爱好与特长，从而更快地了解彼此，交到兴趣相投、志同道合的朋友。

游戏对象：一、二年级学生。

游戏准备：

1. 本子和笔，至少3人参与游戏（1人当"法官"，2人当游戏参与者）。

2. "法官"可在纸上提前写好数字炸弹（也可在心里确定好，不记录在纸上，记录在纸上只是为了防止忘记约定的数字，更公正）。

3. 用猜拳决定谁先猜、谁后猜。

游戏步骤：

在一定的数字范围内，"法官"在游戏前约定一个数字作为炸弹（不告知其他游戏参与者），谁猜中这个约定数字（炸弹爆炸）就要表演或接受"惩罚"。

例如，数字范围是1~99，约定的数字炸弹是60，假设学生甲猜了一个数字是30，"法官"会提示"小了"，甲成功避开炸弹，那么就需要学生乙思考判断——现在猜数字的范围就缩小到30~100了，从而猜了一个数字80，"法官"会提示"大了一些"，80也不是炸弹，接着回到甲来猜，并且范围又缩小到了30~80，以此类推，直到有人"踩到"60这个数字炸弹，然后就受到惩罚。

注意：每次猜不能重复数字范围边界上的数字。

游戏技巧：可以根据"法官"的提示的大（或小）"一些"还是"很多"，判断要猜数字的大致范围。

"五颜六色"游戏

熊天穹

游戏背景： 这个游戏刻意将文字的颜色和文字所表示的颜色错位，使视觉颜色与文字所表示的颜色不一致，学生很容易说出的是文字表示的颜色，而游戏要求是让学生说出文字的颜色。游戏旨在让学生娱乐放松一下，同时锻炼学生的专注力和反应能力。

游戏益处： 通过游戏锻炼专注力、反应能力，同时提高合作能力，培养互相协调、团结友爱的精神。

游戏对象： 3～6年级学生，两人或者多人分组参赛。

游戏准备： 一个纸板或教室黑板，用不同颜色的记号笔或彩色粉笔书写"红、黄、蓝、绿、紫"这5个字，每行顺序不同，颜色不一，书写4行。如下图（文字颜色与文字表示的颜色不同）：

红 黄 蓝 绿 紫

黑 紫 绿 红 黄

蓝 黄 绿 黑 红

黄 蓝 黑 红 绿

游戏步骤：

一名学生担任裁判员，一名学生担任计时员。

1. 海选阶段：裁判员安排学生们随机两两站好，宣布比赛开始，负责计时的同学开始计时。参赛学生先后按顺序读出4行文字所呈现的颜色即可，用时最短并且无误者获胜，进入下一轮比赛；计时规则为30秒，如果参赛学生超时，裁判员认定挑战失败。

2. 分组比赛：裁判员将获胜的 10 名同学再随机分为两组进行对抗，每组 5 人，组内学生以接龙的方式正确说出文字呈现的颜色，错误少且用时短的小组获胜。

3. 巅峰对决：最终进入巅峰对决的 5 名同学，分别倒着说出文字呈现的颜色，错误少且用时短的学生获得冠军，以此类推，评比出前三名。

猜猜"我"几岁啦

张晓珊

游戏背景： 这款游戏趣味性较强，适合中低年级的学生们玩，并且容易操作，将生活中的问题和数学融合在一起，寓教于乐。在参与游戏的过程中，学生通过猜年龄、比较年龄大小等活动，可以初步学会数学思考，增强数学应用意识，并能培养认真倾听的好习惯。

游戏益处：

1. 营造玩中学、学中玩的氛围，培养学生的思维能力。
2. 可以提升学生的思考能力。
3. 锻炼学生的反应能力和身体协调能力。

游戏对象： 1～3 年级学生。

游戏准备：

1. 一些游戏题目。
2. 将学生平均分成两队，分别为红队和蓝队。
3. 选一名裁判员（可以是老师，也可以是学生）。

游戏步骤：

1. 两队各选派一名代表，玩石头剪刀布，赢的一队先抽题（这里假设红队先抽）。

2. 裁判员拿出游戏题目卡片，红队代表抽好题，大声读出题目内容，然后红队选出一名学生回答，回答正确加 1 分，回答错误则由蓝队派一名学生回答，回答正确加 1 分，回答错误，则题目卡片由裁判员收回。

3. 连续玩 5 轮，再计总分。

4. 得分高的一队获得"班级优化大师"加分（分数由裁判员根据回答的具体情况来给），得分低的一队则要接受裁判员的惩罚，如深蹲 10 下、俯卧撑 5 下、原地转 3 圈等。

补充资料：

游戏题目

（1）我的年龄是最小的两位数，猜猜我多少岁啦？

（2）我的年龄数字看起来像一个口哨，猜猜我多少岁啦？

（3）我的年龄数字需要一笔写成，猜猜我多少岁啦？

（4）我的年龄是一个两位数，两个数字的和是 7，猜猜我多少岁啦？

（5）小红 6 年前 6 岁，6 年后小红多少岁？

（6）2 和 4 的积就是我的年龄，猜猜我多少岁啦？

（7）2 个 5 相加就是我的年龄，猜猜我多少岁啦？

（8）2 和 4 的和就是我的年龄，猜猜我多少岁啦？

（9）最大的一位数和最小的一位数的和就是我的年龄，猜猜我多少岁啦？

（10）哥哥今年比弟弟大 10 岁，10 年后，哥哥比弟弟大多少岁？

数字滚雪球

龚 丽

游戏背景：冰天雪地里，滚雪球是小企鹅最喜欢的游戏，小朋友们化身小企鹅，绕着圆圈跑，代表着小企鹅正在滚雪球。老师给出算术题，小企鹅在运动中运用加减法运算，迅速思考得出答案，通过这种运动中思考的形式，考验学生们的数学实际应用能力和反应能力。

游戏场地：空地。

人数要求：若干。

游戏规则：找一块较空旷的场地，若干同学围成一个圈，老师位于中间，游戏开始时，学生围绕圆圈慢跑，前后彼此拉开距离，老师喊口令"滚雪球"，学生回应"滚几个"，老师则随机给出如2+5等加减乘除算术题，学生快速算出准确结果，如2+5=7，则前后7人要抱成一团，落单的人或进入圈内进行一场小表演，或接替老师的位置继续喊"滚雪球"开启下一轮游戏。

要求1：抱团必须是前后相邻同学抱成团，不可随意穿越。

要求2：听口令，反应迅速，算数结果要准确。

我是猜数小能手

芮东旭 陈锦玉

游戏介绍：你相信吗，我会猜出你划掉的数字。快跟我一起变身猜数小能手吧！这个游戏重在培养学生的数感和计算能力，富有趣味，玩法简单，可操作性强。

游戏对象：2~6年级学生。

游戏准备：

1. 此游戏需要两人合作。一人写数，另一人猜数。

2. 一张纸、一支笔。

游戏步骤：

1. 写数者在纸上任意写出一个多位数（如 356）。

2. 写数者将这个多位数每一位上的数字都加起来，得到一个"和数"（如 3＋5＋6＝14）。

3. 写数者将原来的多位数减去"和数"，得到一个"差数"（如 356－14＝342）。

4. 写数者将这个"差数"中的任意一个数字划掉（如划掉 342 这个数中的 3）。

5. 写数者将"差数"中未划掉的数字一个一个报给猜数者（如写数者将 4 和 2 报给猜数者）。

6. 猜数者根据写数者报出的数，即可猜出划掉的是什么数字。

注意：猜数者全程不能看写数者写的数。

游戏解密：

你知道是怎么猜出来的吗？猜数者只需将写数者报出的数字一个一个加起来（如 4＋2＝6），然后用 9、18……等 9 的倍数减去刚刚算出来的结果（如例题因为加起来的和是 6，只需要用 9 的 1 倍数 9 去减 6，得出来的这个一位数 3 就是划掉的数字）。

当然这个游戏也有另一种情况，当"差数"中其他未划掉数字之和刚好是 9 的倍数时，只能确定未划掉的数字是 0 或 9 中的一个，但不能确定是哪一个，因此需要写数者和猜数者根据题目灵活处理。

学科融合类

刺激战场（篮球运球游戏）

南 洋

游戏背景：《刺激战场》这个电子游戏如今在小学生之间十分流行，而过度沉迷于电子游戏会对学生身心产生不良影响，如果能把学生的注意力转移到对身心有益的运动中，比如篮球运球游戏，那么对学生来说很有好处。

游戏益处：提升学生对篮球运动的兴趣，锻炼运球技术，提高实战能力，培养竞争意识。

游戏对象：4～6年级学生。

游戏准备：篮球场（全场半场皆可），篮球每人一个。

游戏步骤：

在篮球场内，每个"玩家"会分得一个篮球，每位玩家必须边拍球边将他人的球拍出限定区域（安全区），或者边拍球边用身体将他人挤出安全区，球被拍出安全区或人被挤出安全区则被淘汰。

随着游戏时间的推移，老师（裁判）会吹哨提醒缩小安全区，每次哨声后会倒计时5秒钟，5秒钟后如果不在新的安全区则被淘汰。安全区的范围会按照全场—半场—三分线内—罚球线内—合理冲撞区的顺序依次缩小。

胜利条件：谁在场上留到了最后，谁便是本次比赛的冠军，换句话说就是"吃到鸡"了（游戏可进行个人模式或者团队模式）。

规则补充：

要求1：不能走步或二次运球违例，三次违例视为淘汰。

要求2：运球过程中不得出现侵人犯规（打手等），两次犯规视为淘汰。

要求3：挤人过程不得出现进攻犯规，两次犯规视为淘汰。

车轮滚滚

占 威

游戏背景及益处：足球是小学生最喜爱的体育项目之一，对学生的身心发展和意志品质的锤炼都有很大帮助，尤其在团结协作的意识和沟通能力的培养上作用突出。普及课间足球活动有利于推动校园足球特色学校的发展，是足球进校园的延伸。课间开展足球活动，运动量适宜，安全有保障，而且受场地、时间的限制较少，比在足球场上开展效果更好。

游戏对象：中高年级学生。

游戏准备：足球一个。

游戏方法：6～8人手牵手围成圆圈，圈内放一足球，牵手逆时针方向转圈，由指定第一人传球，球到谁脚下时谁就用脚内侧传球，可传向圈内任何位置，直到球传出圈外结束。

游戏规则：

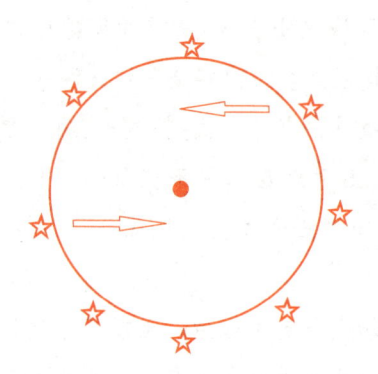

1. 只能用脚内侧传球。
2. 只能传地滚球。
3. 控球出圈、球从两脚间出圈者算失败，做5个俯卧撑。
4. 球从两人间出圈，两人各做6个俯卧撑。
5. 牵手断开者各做7个俯卧撑。

东方不亮西方亮

李小龙

游戏背景： 利用碎片化的课间休息时间，在黑板上留下一个学习主题，让学生们自行组织游戏。这既可以锻炼学生的组织能力，又可以帮助学生积累一些常用知识。

游戏益处： 这是学科融合类的游戏，可以将各个学科知识融合在一起，让学生们尽情发掘自己的长处，展现自己的闪光点。

游戏对象： 所有年级学生。

游戏准备： 课间休息时的黑板。

游戏说明：

示例一：语文与体育融合，比如，带有"氵"偏旁的字有哪些？

让同学们分组参与，轮流作答，通过积分多少决定胜负。知道答案的同学，直接在黑板上写出答案，积1分；不会的同学可以双手抱头，下蹲5次代替，积0.5分。如此反复，在三分钟内积分高者获胜。获胜的小组，可以在"班级优化大师"上集体加分。这个游戏既能提高学生对文字的掌握能力，也可以锻炼体能。

示例二：数学与语文融合，比如，带有"数字"的诗句有哪些？

聪明的小朋友，你知道怎么组织这个游戏吗？

示例三：数学与音乐融合，比如，$25 \times 4 =$？

分组进行比赛，会的同学将答案写在黑板上，积1分；不会的同学可以用唱歌（含数字的歌曲）代替，积0.5分。如此反复，最后看哪组同学积分最高，分高者胜。获胜的队伍可以奖励其在上课前点播或齐唱一首喜欢的歌曲。

各科可根据自己的学科特点出题，用游戏的方式调动学生学习的积极性，让学生在玩中学，体会积累知识的快乐。

踢毽子

廖 越

游戏背景： 踢毽子，又名"打鸡"，是我国民间体育活动之一。踢毽子不受场地的限制，深受人们的喜爱，很适合小学生课间玩。

游戏益处： 锻炼身体，提高学生的智力、协调性以及反应能力。

游戏过程：

一、二年级：盘踢毽子。

左（右）腿支撑、右（左）大腿带动小腿，屈膝上摆，膝关节外展，小腿上摆踢毽子的一瞬间，踝关节内屈端平，用脚内侧将毽子向上踢起（如图1所示）。

图1

三、四年级：盘踢毽子比远。

距离起点设置间距2米的线，学生在起点位置用盘踢的方法将毽子踢出，踢进A区域得1分，踢进B区域得2分，踢进C区域得3分（如图2、图3所示），最后积分多者获胜。

五、六年级：盘踢毽子比远比准。

距离起点设置间距2米的线，线与线之间画4个圆圈，学生在起点的位置

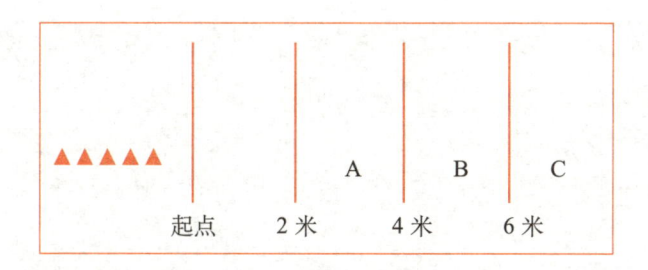

学科融合类

图 2

图 3

用盘踢的方法将毽子踢出，踢进 A 区域的圆圈得 1 分，踢进 B 区域的圆圈得 2 分，踢进 C 区域的圆圈得 3 分（如图 4、图 5 所示），最后积分多者获胜。

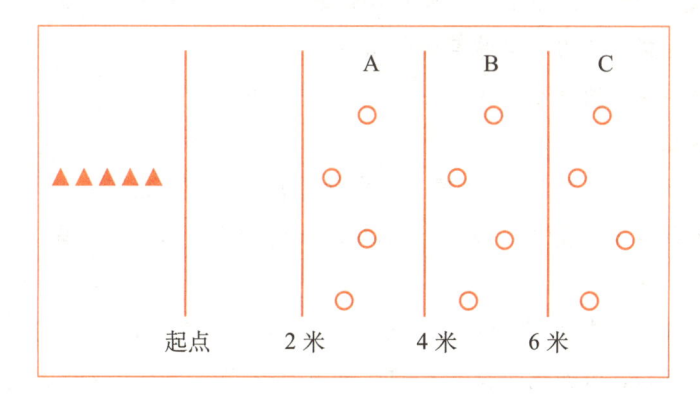

图 4

165

图 5

二龙戏珠

刘美齐

游戏背景： 这个游戏采用情景模式将球类器具作为龙珠进行团体活动，举行趣味比赛，考验学生之间的默契和配合，使学生身心得到全面发展。

游戏益处： 发展学生上下肢协调配合、手眼脚协调等能力，充分发展学生的快速移动能力，培养其团队精神。

游戏对象： 所有小学生。

游戏准备：

低年级学生：气排球/气球、标志桶、长木棒、扑克牌。

高年级学生：篮球/足球、标志杆、地垫、长木棒、扑克牌。

游戏过程：

学生分为人数相等的两组或四组，站在起点线后，当听到开始口令时，计时开始，每组两名同学迅速拿起长木棒将"龙珠"（气排球、篮球等）夹起，向正前方20~25米标志桶位置前进，行进过程中"龙珠"不可掉落，若掉落，需捡起从落点处继续出发，到达终点标志桶后，翻开一张扑克牌，第一张扑克牌的图形决定了这一组需要累计的图形，翻完第一张则正面朝上，然后迅速返回；第二组接力完成，翻开第二张扑克牌，如图形和第一张一样则正面朝上，反之背面朝上，直至累计出四张一样的图形则获胜（低年级学生翻出三张连续的数字则获胜，如2、3、4或7、8、9）。

低年级学生可以用气排球或气球作为龙珠，距离缩短为10～15米，可用小地垫平铺在地面上，必须踩过地垫前进。

高年级学生可以用篮球、足球作为龙珠，也可在前进过程中加入障碍物、标志杆使其S形前行，或者设置高度障碍使其弯腰通过，扑克牌须翻出四张相同图形。

奖励规则：

获胜队伍将获得"牛牛队"小旗帜，并奖励每人一张好运卡。好运卡集齐五张，可以向老师申请一个体育器材，在操场畅玩，或在好运桶抽取刮刮乐卡片，获得相应的奖励。

跳房子

王 晶

游戏对象： 中低年级学生。

游戏准备： "跳房子"这个游戏各个地域的玩法都有区别，所画房子的图案和数量也不同，有六格房、圆顶房和梅花房等。我们在地上画一个房子，这个房子一共有10个格子，按照顺序在每个格子里写上数字1～10。

游戏规则与步骤：

1. 在游戏开始时，站到第一个格子外面，把沙包扔到格子1，然后再用单脚跳进格子1里面，此时一定要保持一只脚站立，另外一只脚不可以落地；接着跳，双脚落地，左脚跳进格子2，右脚跳进格子3。以此类推，单双脚轮换跳下去。到达终点10后，立即转身掉头，而后按照同样的方式跳回来，在返回时顺便要将沙包捡起，最终跳出房子，然后把沙包扔到格子2，再重复一样的跳法。

2. 沙包扔到格子外面或者压线就算犯规，在单脚跳时踩到线或者越界也算犯规，一旦出现犯规就要换下一个人玩，而犯规者须等到下一次上场时，从上次犯规的格子开始继续跳。

3. 当有人将沙包扔完所有的格子时，这个人就有权利盖自己的房子了。此时，还需要此人站到起点，背对着格子把沙包往背后抛出去，落在哪一个格子，哪一个格子就属于他专属的房子，可以将自己的名字写到上面，接下来当别人跳房子时，就不可以踩到这个房子，必须跳过去，若踩到这个房子就算犯规。

4. 所有的房子都被写完专属名字以后，拥有专属名字较多的人获胜，而获胜者再玩游戏时都是第一个玩。

节奏接龙游戏"动物园（海洋馆）里有什么"

田 梦

游戏背景："每个孩子的心里都有一颗音乐的种子。"教师的任务就是让每颗种子都发芽，而音乐游戏则是促使每颗种子都发芽的有效手段。使学生在音乐的引领下"玩得好"是音乐课间游戏所要追求的境界。

节奏接龙游戏"动物园（海洋馆）里有什么"，将富有童趣的接龙游戏与音乐节奏有机结合起来，使学生在愉快的游戏中获得良好的情感体验，培养学生的音乐感受力、表现力和创造力。

168

游戏益处：

1. 培养学生模仿、听辨和创编节奏的能力；

2. 随着节奏难度的提升，需要仔细听辨前一个节奏，所以对学生的注意力也有非常不错的训练；

3. 活跃气氛，放松身心。

游戏对象： 1～6年级学生。

游戏准备：

1. 将学生进行游戏分组（1名主持人、4～6名成员）。

2. 杯子、铅笔或筷子若干。

游戏步骤：

1. 游戏一：动物园里有什么？

主持人一边有节奏地拍掌一边问"动物 园里｜有什 么‖"，小组成员第一个人一边拍掌一边回答"动物 园里｜有某 某‖"（某某指的是动物，如大象）。第二个人再接着回答。以此类推，一个接着一个回答下去。答错或者重复者，则要表演小节目或者接受小惩罚。

　　例：同学1：动物 园里｜有 大象‖

　　　　同学2：动物 园里｜有 狮 子‖

　　　　同学3：动物 园里｜有 长颈鹿‖

　　　　同学4：动物 园里｜有 老 虎‖

　　　　同学5：动物 园里｜有大熊猫 0‖

2. 游戏二：海洋里有什么？

主持人一边有节奏地拍掌一边问"海洋 馆里｜有什 么‖"，小组成员第一个人一边拍掌一边回答"海洋 馆里｜有某 某‖"（某某指的是动物，如海豚）。第二个人以第一个人的答话和节奏（"海洋 馆里｜有某 某｜"）起头，再接着回答一个动物的名字。以此类推，一个接着一个回答下去。答错或者重复者，则要表演小节目或者接受小惩罚。

　　例：同学1：海洋 馆里｜有海 豚‖

　　　　同学2：海洋 馆里｜有海 豚｜有 水母‖

　　　　同学3：海洋 馆里｜有海 豚｜有 水母｜有 鲨鱼‖

　　　　同学4：海洋 馆里｜有海 豚｜有 水母｜有 鲨 鱼｜有 魔鬼鱼‖

同学5：海洋 馆里｜有海 豚｜有 水母｜有 鲨 鱼｜有魔 鬼鱼｜
有海马 0｜｜

3. 游戏三："植物园里有什么？""博物馆里有什么？"

随着学生对游戏的掌握越来越熟练，可以配合使用铅笔或筷子，边回答边敲击杯子或桌面，创造出更多的节奏。

唱名蹲

谢 荟

游戏介绍：这个游戏主要帮助学生记忆音符名称，加深对音高概念的理解，同时，锻炼学生的反应能力和专注力，开发学生的音乐潜能。

游戏准备：电子琴、五个音符头饰。

游戏规则：

游戏可以设置成闯关形式，由易到难。

游戏第一关：唱一个音符。

游戏第二关：提升难度，由唱一个音符变成唱两个音符。

游戏过程：

1. 五个学生为一组。

2. 学生选择自己喜欢的音符头饰，并将头饰戴到自己头上。

3. 游戏开始。老师播放音乐，学生根据音乐的节奏，仔细聆听老师唱出的音符，当听到自己的音符唱名时，迅速蹲下去。蹲下去的同学唱出唱名并随着音乐的节奏连续下蹲三次，第三次下蹲时说出下一个唱名，第二个学生听到唱名后立即蹲下去，接下来以此类推。

4. 当学生熟练地掌握了单个唱名后，提升难度，由一个唱名变成两个唱名。老师播放音乐，学生根据音乐的节奏，仔细聆听老师唱出的两个音符，当听到自己的音符唱名时，两个学生迅速蹲下去。蹲下去的同学唱出唱名并随着音乐的节奏连续下蹲三次。第三次下蹲时说出下一组学生的唱名，第二组学生听到唱名后立即蹲下去，接下来以此类推。

音乐游戏——左右开弓

徐 雯

游戏背景： 音乐教育家奥尔夫认为音乐教育应注重学习者与声音的真实相遇，将音乐作为一种能使学生变得活跃的活动以实现学习的目的，同时也强调一切以儿童为中心的音乐教育理念。此游戏采用简单而有趣的方式，让学生在轻松愉快的氛围中，感受音乐的乐趣。

游戏益处： 在节奏游戏中，培养学生左右脑的配合与协调能力。

游戏对象： 中高年级学生。

游戏准备： 节奏图谱、课桌。

游戏步骤：

1. 游戏一：双人（或多人）游戏。

双人或者多人拿节奏图谱坐于桌前，根据节奏图谱的节奏型，左手食指点击左边的图谱节奏型，右手食指点击右边的图谱节奏型，两只手同时开工，两人或者多人同时按上述游戏规则进行比赛，谁用时最短且无误，谁就是最后赢家，可获得音乐勋章一枚。

2. 游戏二：单人游戏。

拿一张节奏图谱坐于桌前，根据节奏图谱的节奏型，左手食指点击左边的图谱节奏型，右手食指点击右边的图谱节奏型，两只手同时开工，最后双手同时正确敲击出全部节奏型，可获得音乐勋章一枚。

音乐游戏——杯子节奏大挑战

许　可

游戏目的： 使学生在游戏中增强音乐节奏感和反应能力，同时培养学生的专注力。

游戏对象： 4~6年级有一定音乐基础的学生。

游戏准备： 音响设备1台，每位学生准备纸杯2个、黑笔1支、A4纸1张。

游戏规则：

1. 先教会学生练习下面四个节奏型。

4/4　X　X　X　X

4/4　XX　X　X　X

4/4　X　XX　X　X

4/4　XX　XX　XX　X

2. 所有同学跟随音乐的节奏，按照老师的口令用纸杯敲出正确的节奏。选几位同学来当裁判，没有敲对节奏者淘汰，坚持到最后的同学获得"节奏大王"称号。

指纹添画

何　泉

游戏背景： 童真童趣的想象力如天马行空，有趣又有味，是绘画中难能可贵的。鼓励学生发挥富有童趣的想象力，并引导其夸张放大，往往会产生令人惊喜的效果。指纹添画用指纹这个椭圆基本型给孩子们作为创作基础，给创意和联想提供了无限可能。用手指按印得到基本型的操作方便简洁，适合小学全年龄段的学生，并且印画出来的基本型自带趣味性的肌理纹路，每个孩子的创意都是不一样的，使得添画成果百花齐放、异彩纷呈。

游戏益处： 指纹添画需要对题干里的图形进行观察，通过判断联想发挥，进行添加绘画，这个过程既发展了孩子们的想象力、创造力和对图形的敏锐感知能力，又锻炼了孩子们的手脑协调能力和动手控笔能力。

游戏对象： 低中高年级学生。

游戏准备： 各色印泥一套、湿抹布一人一块、四开素描纸六张、透明胶一卷、记号笔六支、纸折王冠一顶。

游戏步骤：

1. 游戏一：你印我添。

所有同学分成六组，每一轮每组推举出一名代表出战，老师或者主持人给出六个相同的试题（用手指蘸印泥印到素描纸上的多个指纹的组合型），六位代表同时上场对题干上的指纹组合图形进行观察判断，并联想出该图形与什么事物形状相似或接近，然后用手里的勾线笔对题干图形进行添加绘画，使其成为生动有趣的具体事物形象。一分钟完成后，全部同学排队依次在黑板上将自己手里的贴纸贴到自己觉得添画最精彩的作品的下方，获得贴纸最多的为优胜者。评选结束可进入第二轮。

2. 游戏二：王位之战。

A. 选一人做"卫冕王"，头戴王冠，另选一人做王位挑战者。游戏开始，卫冕者印出两幅一样的指纹组合图形，一幅为试题，一幅自己在上面进行添画。时间三分钟。

B. 卫冕者完成后，挑战者走上讲台，在卫冕者给出的试题图形上进行添画，时间两分钟。

C. 主持人向所有学生同时展示卫冕者和挑战者的添画作品，学生举手表示支持谁，支持者多的一方登上王位，戴上王冠。

D. 新王开始出题，接受新一轮挑战者的挑战。

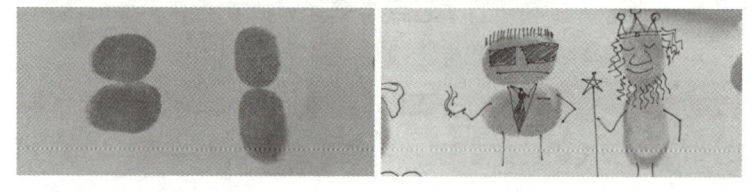

图形添画

高 亚

游戏介绍： 图形添画是在原有图画基础上进行仔细观察和思考，由小组成员接龙添画进行画面补充。此游戏需要小组成员展开想象力，在脑海中构思出整幅画的内容，有助于培养学生的观察力、想象力和发散性思维。

游戏对象： 1~6年级学生。

游戏准备：

1. 黑板、粉笔。
2. 学生分为两组，每组不超过6名，另加1名报幕员。

游戏规则：

报幕员在黑板两边各画一个图形，并定好主题，每组成员自己讨论绘画内容，排好队进行接龙添画，每人限时1分钟，由报幕员计时，直至报幕员宣布游戏结束。画面完整、构图巧妙、内容有创意的小组即可获胜。

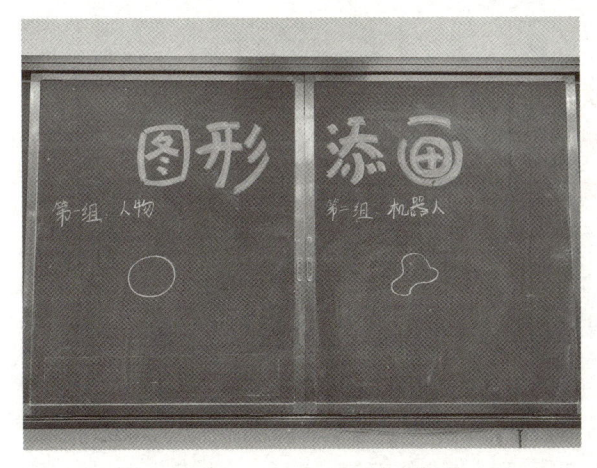

（确定主题） （第一轮）

（第二轮）　　　　　　　　　　　（第三轮）……

线的联想

邵朝晖

游戏背景： 形形色色的线条对于孩子来说充满无穷的魔力，每天课间总会有一些孩子爱围在一起在纸上画呀画呀，每一根线条在孩子们的手中似乎被赋予了生命，大家你画几笔我添几笔，还玩出了许多新花样。

游戏益处： 将学生们感兴趣的线条融入游戏活动中，发展手绘造型能力和发散性思维能力，并使学生们在活动中充分体验创造想象的乐趣。

游戏对象： 中低年级学生。

游戏准备： 马克笔、素描纸。

游戏步骤：

1. 人员分组。8人为一组，2组以上即可开展游戏，设置一名主持人。

2. 游戏开始。

①每组8人坐成一列，依次添画，每位画手添画时间不超过30秒，添画内容、表现形式不限。

②主持人宣布游戏开始后，第一名画手在纸上随意画一条流畅的线条，下一名画手展开联想自由添画。（上一名画手完成后需要迅速将画纸传递给下一名画手。）

③下一名画手根据前面作画的内容接着进行联想添画,可自由组合,天马行空。以此类推,直至小组所有成员完成添画。

④如时间充裕,还可开展多轮游戏,小组成员可重新分组或倒序进行游戏。

3. 游戏评价。游戏结束后,主持人组织分享评价,评出最佳创意奖、最佳构图奖、最佳色彩奖和最佳线条奖,获得奖项多的小组胜出。

游戏示意:

1. 随意画流畅的线。

2. 联想添画。

3. 继续联想添画。

4. 添画完成。

小小音乐邮递员

骆军英

游戏介绍: 此游戏主要训练学生认识音符和唱名,辨别音的高低,熟悉柯达伊手势,引导学生仔细倾听,按图卡找到对应的音符和唱名。游戏可启发学生用多种方式（如图示、手势等）表现七个音的高低。

游戏对象：一、二年级学生。

游戏准备：

1. 写有七个音符和唱名的帽子。

2. 柯达伊手势图片、信件道具。

游戏过程：

1. 将学生分为若干小组，每组17人，分别进行游戏。

2. 学生可按意愿选择自己所扮演的角色，扮不同音高的学生站成一个圆圈，随音乐拍节奏；扮"小小邮递员"的学生听音乐边唱边做送信的动作，在圈内跑动。

3. 教师递给扮"小小邮递员"柯达伊手势图片，"小小邮递员"去送给帽子上有对应音符和唱名的学生，同时，跟着音乐敬礼握手，然后他们同时唱出唱名及音高，并做出对应的柯达伊手势，互道再见。

4. 然后"小小邮递员"与圆圈上的学生互换角色，游戏重新开始。

丢沙包

邹 伟

游戏益处：

1. 练习投掷、抓握、跑、跳、闪躲等基本运动能力。

2. 提高身体敏捷性、反应速度和动作协调性。

游戏对象： 1～6年级学生。

游戏准备： 沙包若干。

游戏方法及规则：

以8人为例。将8人分成A、B两队，每队4人，在一个边长大约为4米的正方形区域内游戏。A队4人站在场地的两端，为丢沙包的人，要用沙包去扔B队队员。B队在场地中可任意跑动，躲避沙包，若被沙包击中身体任何部位则暂时淘汰，沙包如果被B队队员接到则可以帮助被淘汰的队友恢复游戏。每接到沙包一次，便可以恢复一名被淘汰的队友。B队队员全部被淘汰，则一轮游戏结束，两队交换角色。

沙包个数、游戏人数、游戏难度，可以自己选择。沙包不允许对着头部投掷。

毛毛虫竞赛

陈　康

游戏道具： 标志盘或标志物、篮球、汉字九宫格。

人员设置： 16人。

游戏方法： 4个小朋友为一组，站成一列，前一个小朋友的后背和后一个小朋友的胸部夹住一个篮球。每4个小朋友和3个篮球一起组成一条"毛毛虫"，4条"毛毛虫"在长度为10米的赛道上进行比赛，每条赛道终点摆放一个汉字九宫格，其中有5个汉字可以组成一句诗词（绝句），需要4个小朋友共同将正确的字挑选出来，完成诗句正确的摆放。要求不能用手碰球，如中途掉球，整只"毛毛虫"需要将球拾起才能继续比赛，直至终点。率先完赛的"毛毛虫"获得胜利。

游戏作用： 篮球作为三大球之一，是小学阶段学生最喜欢的运动之一。毛毛虫竞赛不仅能锻炼学生们的团队协作能力，而且能达到有趣有料的玩耍目的。简单又有趣，快乐又好玩。

游戏目的： 游戏将提高身体素质与诗词积累相结合，不仅锻炼了身体，还收获了知识，可达到以赛促练的目的。

井字棋

朱成林

游戏准备： 在白纸、地面等画出九宫格，然后准备8枚棋子。

游戏对象： 两人对弈。

游戏规则：

1. 双方各4枚棋子，排在九宫格对边边线上。

2. 棋子沿九宫格走直线，一步只走一格。

3. 当一方有两个相邻并在一条直线上的棋子时就可以"吃掉"对方在同一条直线上并相邻的棋子。若双方相邻两棋子都在一条直线上，则无法吃掉。

4. 最后，有一方棋子只剩一枚时，本局结束，棋子多者为赢。

彩笔搭高塔

段小飞

游戏背景： 学生将彩笔中的彩水用完，往往弃之不用。此游戏利用废弃的彩笔搭建高塔，让学生们在课间做游戏、变废为宝。

游戏益处： 训练学生的注意力，培养其耐心，在游戏中找到乐趣。

游戏对象： 中低年级学生（可以多名学生一起游戏）。

游戏准备： 一人一套废弃的36支彩笔。

游戏步骤：

计时开始，每人都开始用自己准备好的彩笔搭建高塔，事先统一约定，可以搭建井字形，也可以搭建三角形。

每人将自己手里的36支彩笔搭完，再逐个将彩笔稳稳拆下来，在搭建过程中，如果有人没有搭稳，出现崩塌，即为失败。

最后谁用时最短，搭拆最稳，即获胜。

粉笔接力画长卷

万丽君

游戏介绍： 这个游戏简单，容易操作，时间可长可短，可参与的人数多。游戏侧重培养学生的团结协作精神，能充分调动学生们的绘画兴趣。

游戏益处： 游戏充满趣味，可充分调动学生的学习积极性，使他们懂得团结协作可构造出美丽的画卷。

游戏对象： 1～6年级学生。

游戏准备：黑板、粉笔。

游戏规则：老师给出两个主题"海洋世界"与"公路上的汽车"，学生依次到黑板上添画，最后由全班同学集体合作完成一幅完整的黑板画。

游戏过程：

1. 游戏一："海洋世界"。

老师给出主题"海洋世界"。老师先在黑板上画出代表海洋的蓝色波浪线，接着学生依次到黑板上画出各个品种的鱼、海星、海马等海洋动物，画完动物后再由后面的同学添加海草、珊瑚等细节装饰，最后画出海面上的轮船，构成一幅完整的海洋世界画面。

2. 游戏二："公路上的汽车"。

老师给出主题"公路上的汽车"。学生依次到黑板上画出各种样式的汽车，添加红绿灯、斑马线、天桥等，最后构成一幅完整的画卷。

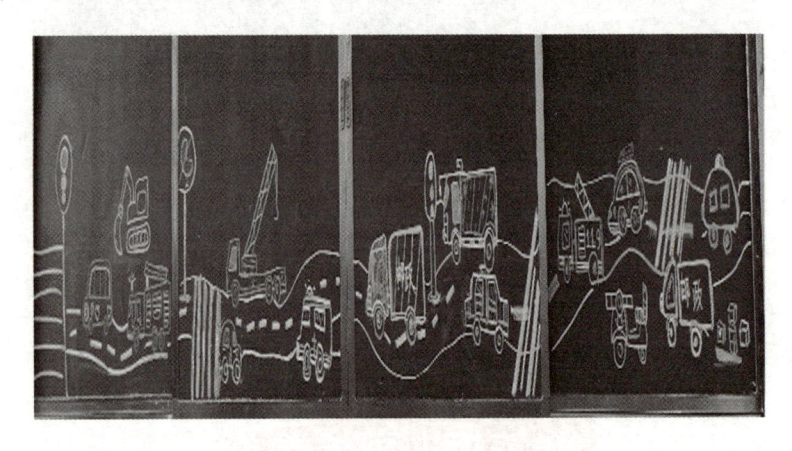

课间体育游戏——趣味开火车

陈 蕾

游戏背景："趣味开火车"游戏对场地要求不高，在稍开阔的室外或室内都可进行。参与人数可多可少，属于团队项目，趣味性强，锻炼效果好。

游戏益处：

1. 提高跳跃能力，增强腿部力量及全身的协调性。
2. 培养团队意识，在游戏中学会与同伴互助、合作。
3. 在游戏中体验运动的快乐，放松身心，缓解疲劳。

游戏对象： 1~6年级学生。

游戏准备：

1. 准备一块稍开阔的平坦场地，标注起点、终点位置。
2. 提醒学生检查服装、鞋子是否适合游戏。

游戏方法：

1. 低年级学生。

两人或两人以上为一小组，前后站成一条直线，排头同学双手叉腰，后排同学双手搭在前面同学的肩上，选一名同学当列车长，当列车长发出"出发"的口令后，所有同学用双脚跳（单脚跳）的方法向前行进。

2. 高年级学生。

三人或三人以上为一小组，前后站成一条直线，前排同学左手叉腰，右手勾住后面同学的右小腿，第二名同学左手搭在前面同学的肩上，右手勾住后面同学的右小腿，后面以此类推，形成一列小火车。选一名同学当列车长，当列车长发出"出发"的口令后，所有同学用单脚跳的方法向前行进。

游戏规则：

1. 与同伴节奏一致，直线前进。

2. 手不能松开，腿不能掉，双手松开或腿掉下视为"脱轨"，则游戏失败。

3. 可以组织多个小组进行比赛，看哪列小火车开得又快又稳。

4. 可以播放有节奏的音乐，提高学生的节奏感，使动作更整齐、统一。

书法课间游戏

王宁熙

游戏背景：随着社会的发展，学生们接受的知识和信息越来越多，而锻炼身体和提高写字技巧的机会越来越少。为了培养学生的书法技巧和兴趣，设置书法游戏活动就显得非常必要和有意义。

游戏益处：通过书法游戏，学生们可以在玩中感受书法的魅力，从而从心底产生对书法的喜爱。同时学生们在轻松愉快的氛围中进行书写，有利于提高书法技能。

游戏对象：中高年级学生。

游戏准备：黑板、粉笔、纸张若干、电脑。

游戏步骤：

1. 游戏一：汉字大比拼。

人员设置：一名书法学习委员。

游戏方法：挑战者须在一分钟时间内将打乱的汉字的偏旁部首或组件组成正确汉字，并编注题号书写在纸张上。时间到时，将写有答案的纸张交给书法学习委员。正确写出20字者获特等奖，15字以上者获一等奖，10~15字者获二等奖，5~10字者获三等奖。

例如：田＋心＋山＝崽

(1) 日＋立＋心＝　　(2) 土＋王＋田＝　　(3) 王＋禾＋口＝

(4) 牛＋角＋刀＝　　(5) 文＋王＋王＝　　(6) 人＋口＋木＝

(7) 可＋木＋大＝　　　(8) 古＋虫＋月＝　　　(9) 又＋十＋山＝
(10) 上＋小＋右＝　　 (11) 十＋止＋又＝　　　(12) 又＋寸＋木＝
(13) 见＋二＋人＝　　 (14) 手＋丸＋力＝　　　(15) 贝＋力＋口＝
(16) 又＋人＋二＋小＝　(17) 日＋生＝　　　　　(18) 木＋几＝
(19) 小＋月＝　　　　 (20) 只＋巾＝

氵＝水　讠＝言　扌＝手　阝＝耳　丷＝八　钅＝金　艹＝草　彐＝山

2. 游戏二：按图索骥。

人员设置：6~8人，外加一名报幕员（书法学习委员）。

游戏方法：电脑屏幕播放4张甲骨文汉字图片，请学生写出相对应的规范汉字，并请每个小组的每位同学说出含有这个字的成语。

3. 游戏三：汉字速递员。

人员设置：8人或者10人为一组，另设一名词条员（值日班长）。

游戏方法：请词条员在黑板上的大米字格内书写相同的笔画，几组队员按照笔顺接龙组成新的汉字，看看哪个组书写得又快又漂亮（规定八个笔画或者十个笔画的汉字）。

第一笔：横画"一"　　笔画数量：8画

画　表　奔　顶　鸢　奇

真人贪吃蛇

吕向阳

游戏背景："贪吃蛇"曾经是经典的手机电子小游戏，我们把"贪吃蛇"游戏和学生的课间活动融合到一起，让学生走出教室来到操场，化作一条条可爱的"小蛇"畅游在操场上，释放学习压力，迸发新的活力，展现不一样的风采。

游戏益处：此游戏规则简单，通俗易懂，学生能够相对自由地运动，快乐地锻炼身体，在运动躲避的过程中培养学生的反应能力和合作能力，拉近同学之间的距离。

游戏对象：所有年级学生，在保障安全的情况下，参与人数多多益善。

游戏准备：相对空旷的场地。

游戏步骤：

1. 将学生引导到空旷场地，以方形阵列排好。

2. 确定两个以上的学生作为"蛇头"。

3. 作为"蛇头"的学生可在学生空隙间自由移动，可以通过拍肩膀或词语接龙的方式将其他同学吸引到自己的身后，组成长"蛇"。

4. 被吸引的同学双手搭在前面同学的肩膀上，保持运动，但是运动过程中不可以触碰到其他的"蛇"或者还未加入的同学，在"吃"的过程中，

"蛇"的身体不能断开，否则该条"蛇"的所有同学淘汰。

5. 最后，身体最长的"蛇"或最后淘汰的"蛇"获胜。

红灯停，绿灯行

朱　敏

游戏背景： 三年级是小学生责任意识和行为习惯养成的关键时期，也是小学生学习中感到比较迷茫的阶段。设计具有生活性、规则性的游戏既可以缓解学生学习的压力，又可以达到让学生在玩中学、在学中玩，养成良好的规则意识，健全人格，强化责任意识的目的。

游戏准备： 空旷的场地。

游戏过程： 一人充当"交通灯"，站在一个离其他参与者5米以上距离的地方，其他参与者面向"交通灯"。当"交通灯"发出指令"绿灯"时，参与者向"交通灯"行进。当参与者听到"红灯"时，必须立即停止行进，任何"动"了的参与者要退回到起点重新听候指令行进。这样一直玩到所有参与者都摸到"交通灯"。最先摸到"交通灯"的参与者将代替"交通灯"，游戏重新开始。

捞小鱼

宋卫东

游戏对象：一年级学生。

游戏目标：学会行、进、钻的动作，培养游戏的规则意识，培养手眼协调能力，在活动中体验游戏的快乐，培养活泼开朗的性格。

游戏过程：选出两名个子高的同学担任"渔夫"，其余的同学当"小鱼"。游戏开始时，两个"渔夫"把双手拉在一起，高高举起，搭成一个"桥洞"，扮作渔网；"小鱼"站成纵队。游戏开始后，大家一起唱：捞、捞小鱼，一网不捞鱼，二网下小雨，三网网住一条小红鱼（被网住的孩子穿什么颜色的衣服，就唱什么颜色）。"小鱼"按顺序钻洞。唱声一停，"渔夫"双手落下，把正在洞内的"小鱼"网住，被捞住的"小鱼"站在一旁，直到"小鱼"被全部捞完。

英语课间游戏："数"我最能

柳 莉

游戏背景：五年级上学期，学生已经学习了英语1～100的数字单词，为了熟练掌握数字单词的正确发音、构词规律，激发学习兴趣，巩固知识，学以致用，老师可以鼓励学生在课间玩拍球数数或颠球数数的游戏。

游戏对象：小学高年级学生。

游戏益处：通过游戏激发英语学习兴趣，培养语感，巩固知识，锻炼学生的运球和颠球的能力，培养身体的协调性和手部的灵活性，培养学生的合作精神。

游戏准备：篮球或乒乓球。

游戏方法：

单人玩的时候，可以自己一边拍球或颠球一边用英语数数。

多人参与游戏的时候，可以将学生分为两组，每次每组出一人参加比赛。一边拍球或颠球一边用英语数数：one，two，three，four，five，six……拍球失败或数数有误，都得停止游戏。拍球或颠球数目多的胜出一次，然后再换另一人来参加比赛，最后以胜出次数多的那一组为"'数'我最能"游戏的赢家。

知识链接：

十以内的数字：

one two three four five six seven eight nine

11~19 的数字：

eleven twelve thirteen fourteen fifteen sixteen seventeen eighteen nineteen

整十的数字：

ten twenty thirty forty fifty sixty seventy eighty ninety

其他两位数的表达：

在整十的数字后面，加上个位数。例如：

twenty-one　thirty-two　forty-three　fifty-six

sixty-five　seventy-six　eighty-nine　ninety-nine

一百的表达：

one hundred

单词"来"接龙照镜子

张　炜

游戏背景：单词的复习与积累是英语学习的基础，以游戏的形式复习和积累单词能让学生感兴趣，让枯燥的学习变得富有趣味性。

游戏益处：将枯燥的单词积累融于游戏中，能使学生在趣味练习中巩固并掌握单词。

游戏对象：所有学生。

游戏准备：

1. 单词卡若干。

2. 将学生分成两组，两组人数相同。

游戏规则：

游戏可以设置成闯关形式，由易到难。

游戏第一关"单词接龙"获胜组，参加第二关的"单词照镜子"游戏。优胜者进入最后的终极赛"句子接龙挑战赛"，选出最后获胜者"英语之星"。

游戏步骤：

1. 将学生分成两组，两组人数相同。

2. 开始游戏。老师任意说一个单词，两组学生的第一个学生立即以该单词的最后一个字母为首字母，说出一个单词，以此类推，不能重复。哪一组说得又快又好为获胜组。例如：red—dog—goose—egg—goat—tea……

3. 获胜组的学生继续参加第二关的"单词照镜子"游戏。淘汰组学生给每种动物设计一个典型的、能代表该动物的动作，如双手的食指和中指伸到头顶表示兔子。淘汰组任选一名学生上台做动作，获胜组学生必须扮"忠实的镜子"同步模仿，同时说出该动物的英文名称。模仿得最像，并且最快说出相应动物的名称的同学获胜。（此游戏还可用于复习与职业、各种动作相关的词汇。）

4. 第二关获胜者可参加最后的终极赛"句子接龙挑战赛"，选出最终的获胜者"英语之星"。将第二关的获胜者平均分成两组，老师任意说出一个英文句子，两组学生同时开始句子接龙，越往后接，句子越长。接得又快又好的一组获胜，获得"英语之星"称号。接龙句子如：T：I'm swimming. S1：You're swimming and I'm playing basketball. S2：She's swimming，you're playing basketball and I'm running……（此游戏可以复习单词、过去时态、进行时态等。）

字母大通关

郝 靓

游戏背景： 三年级学生开始学习英语字母时，容易将其与拼音混淆。针对英语字母学习，设计一系列的游戏能让学生在玩中熟练掌握字母的书写以及读音，突破字母学习难点。

游戏益处： 本游戏从字母学习的各个角度，设置不同的游戏类型，形式活泼，可以有效提高学生学习英语的兴趣，同时培养学生的协同能力和团队意识。

游戏对象： 3~4年级学生。

游戏准备： 26个大小写字母卡片、英语单词卡。

游戏步骤：

1. 游戏一：字母找朋友。

老师随机抽取5对大小写字母，发给两组学生（人数可自由调节）。请同学们根据手中的字母，找到自己的字母大小写朋友。正确找到字母大小写朋友的，可获得加分。

2. 游戏二：字母传递。

每一列（约8人）为一组，全班分成若干组，老师分别发给每一组最后一排的学生一张纸，上面写一个字母或字母组合（如PC-TV）。老师说

"开始"后，最后一排的学生即用耳语把卡片上的内容告诉前面的学生，那位学生再把听到的内容告诉前面的学生……这样依次进行下去。最后，第一排的学生把所传的字母或字母组合写到黑板上，传得最快最准确的组获胜。(该游戏也可换成写的形式。后排同学将得到的字母用手指写在前一排同学的背上，依次往前传递。)

3. 游戏三：跟我走（字母排排队）。

把字母卡片发给学生，然后说出一个字母（如 M），持有该字母卡片的学生站出来并说："I am M. Follow me, please." 持有字母 N 卡片的学生应立刻站在持字母 M 卡片学生的后面，并说："I am N. Follow me, please." 以此类推，对的得分，错的不得分。这个游戏也可以按倒序玩，比如可说："I am M. Who is before me?" 持有字母 L 卡片的学生应立刻站在持字母 M 卡片学生的前面。得分高的小组获胜。

4. 游戏四：字母大本营。

学生抽取一张字母卡片，高举该字母卡片，说出一个以该字母开头的单词。之后每人轮流说一个，坚持到最后的为胜者。可以两人比赛玩，也可以多人或者小组比赛。老师可作为裁判，对学生所说单词进行评定。

英语卡片推推乐

王妍妍

游戏介绍："卡片推推乐"游戏的主要目的是复习所学单词、词组及句子。和田径项目中的接力比赛相似，此游戏侧重培养学生的团队合作意识，调动学生的学习兴趣，使之乐于参与到操练复习中。

游戏准备：

1. 单词、词组或者句子的卡片若干。
2. 课桌。

游戏对象： 3～6年级学生。

游戏规则： 每次比赛两组同时进行，每组4名同学，另外安排两名同学负责裁判监督。每组先派一名同学上场参与，其他同学做好"接力"准备。裁判拿出需要"推"的卡片，卡片上的内容是最近学习的重点句型、单词及词组。学生需要一边将卡片推到课桌的对面，一边大声正确地读出卡片上的单词、词组或句子。两个小组哪一组先完成，哪一组就是胜利者。

游戏过程：

1. 准备好两份卡片，每份卡片上写上相同的单词、词组或句子。
2. 将卡片摆放在两张课桌上。
3. 裁判员说开始，游戏就开始。每组两名组员站在课桌的后面，两名组员站在课桌的前面，做好接力的准备。
4. 裁判员说开始后，第一名出赛组员需要在大声读出卡片上内容的同时将卡片推到课桌的另一端，读完一列卡片后，后面等待的同学再接力继续。
5. 每组同学均完成任务后，用时少的组获胜。

灵动的色彩

蒋昀芳

游戏背景：颜色，对孩子的心理健康与个性发展意义重大。如果说眼睛是孩子的心灵之窗，颜色则是这扇窗外最受欢迎的元素。颜色教育非常有利于发展学生的辨别力、欣赏力、对美的感受力，以及想象力、绘画能力。

游戏益处：通过此游戏，学生们能更加深入地熟悉颜色的英文表达，掌握颜色的组合和搭配方法，提高审美能力和创造力。同时，也能激发学生们的学习兴趣和团队合作精神，让他们更加积极地参与到英语学习中来。

游戏对象：3～6年级学生。

游戏准备：画纸、铅笔、彩色画笔。

游戏步骤：

学生 A 描述，学生 B 认真听并画出相应物品的简笔画，然后学生 B 询问学生 A 相应物品的颜色，并给相应物体涂上相应的颜色。最后，评出谁是最优秀的顺风耳和神笔马良。

示例：

学习"There is"和"There are"后，让学生 A 运用此句型描述相关物体的方位和数目，学生 B 画出描述的内容，之后由学生 B 问学生 A 物体的颜色，并按回答涂色。在完成任务的过程中熟练运用所学目标语言，如：

Sa：I have a beautiful classroom. There is a blackboard, two doors, three desks, and six windows in the classroom.

（我有一个美丽的教室。在这个教室里有一个黑板、两个门、三张桌子和六扇窗户。）

Sb：What color is/are the blackboard/doors/desks/windows?

（这个/这些 黑板/门/桌子/窗户是什么颜色的？）

Sa：It's/They're black/yellow/blue/white.

（它/它们是黑色/黄色/蓝色/白色。）

"扔骰子读单词"游戏

姜洪漫

游戏背景：单词是英语语言学习的最基本单位，是培养学生听、说、读、写等语言技能的基石，学生的词汇量不足，就无法完成相应的语言交流，所以单词的巩固尤为重要。将单词的记忆与"扔骰子"游戏结合起来，就增加了趣味性，做到了寓教于乐。

游戏益处：复习、巩固单词、短语，以游戏的形式在玩中学。

游戏对象：所有学生。

游戏准备：游戏表格、骰子。

met	those	wait	email	ran	love
list	need	first	can	any	use
half	place	how	took	river	hour

195

续表

minute	with	plant	shorts	wear	crayon
begin	floor	happily	many	think	fan
swam	slow	healthy	blind	deaf	hear

游戏步骤：

老师根据学生的年龄和学习阶段，挑选合适的单词填写在表格中。将36名学生分为两大组进行挑战赛，6人一轮，大家轮流扔骰子，扔到几点就大声读出点数对应列写的单词。第一轮学生读第一行单词，第二轮学生读第二行单词，依次进行。读对的学生为本组赢得一分，得分多的小组获胜。

还有更难一点的玩法是，按全班人数合理分组，在表格中填满不同的单词，扔一次骰子，根据骰子的点数，念该点数对应列一整列单词。读对整列单词的学生为本组赢得一分，最后得分多的小组获胜。

注意：表格中可以是单词，也可以换成短语，还可以增加难度，不仅要读出来，还要说出其中文意思。

英语闯迷宫

唐 雪

游戏背景： 单词、短语及句型是英语学习的基础，以游戏的形式复习单词、短语和句型能让学生感兴趣，让枯燥的学习变得富有趣味性。

游戏益处： 复习、巩固单词、短语、句型，在玩中学。

游戏对象： 所有学生。

游戏准备： 迷宫挂图或迷宫PPT。

游戏步骤： 在迷宫中间设置若干字母卡，学生从起点出发，遇到字母卡，则需完成字母代表的任务。比如读出单词、说出对应的单词或短语、回答问题等。完成不了任务则返回起点，三次机会，用完换人。如果遇到死路，自己寻找出路，直至到达终点。

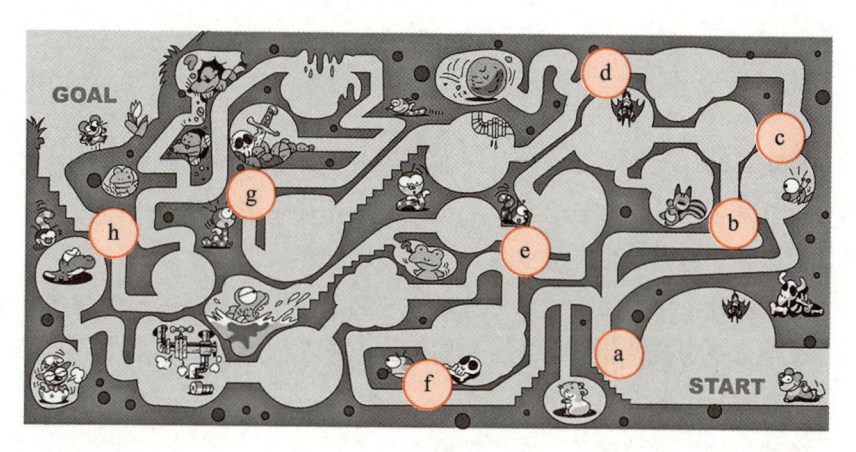

字母对应任务：

1. (a、b) 读出单词：right, supermarket, cinema, picture, children, interesting, between, tomato, flower, afraid, strong, bread, vegetable, chicken, tomorrow, sock, month, subject, family, Chinese.

2. (c、d) 说出对应的单词或短语：在……旁边、不客气、照片、听、人们、饥饿、土豆、健壮的、打开、爬、水果、参观、跳高、跳远、圣诞快乐。

3. (e、f) 回答问题：Where's the train? What are you doing? What are they doing? Do you want some rice? How much is it? Can you run fast? Can I have some sweets?

4. (g、h) 翻译句子：他正在拍照片、她能跳得很高、自行车上有12个男孩、我们将要去海南旅游、Sam 将要去骑马、运动会你会跑步吗、我将要参加跳远、我们有一场大的家庭聚餐。

（单词、短语和句型根据不同年级可做出相应调整。）

单词跳房子

王 禹

游戏背景：英语词汇的学习，离不开句子。有的同学能够很快地说出单词，但是在完整说出句子时常常感到困难，那是因为对句子结构不够敏感，缺乏整体感知和在语境中对句法结构的理解。

游戏益处：将句法结构和传统游戏"跳房子"结合，在充满趣味的游戏过程中感受句法结构，以及由词成句的千变万化。

游戏对象：3～6年级学生。

游戏场地：学校操场、教室等地方。

游戏步骤：

1. 室外版。

在地面绘制"单词房子"，由学生比赛完成。

玩法一：丢石子，丢中的格子为句首，然后依次跳格子，所经过的格子必须能组成句子，若其中有两词在相邻位置，即可双脚落地。

玩法二：团队赛，小组成员依次上场，在规定时间内连的句子多的小组获胜。

2. 室内版。

将词卡贴在黑板上，两位同学比赛连句子，先取下者先得，并读出所连句子。

校园定向寻宝

丰 蒙

游戏背景："寻宝"游戏因其独特的神秘感、趣味性深受学生喜爱，鉴于一、二年级学生对学校环境尚处于了解阶段，同时存在着不知如何描述方向、辨认方向的实际困难，我们设计了此游戏。这款游戏具有"定向十寻宝"的特征，旨在培养学生辨别方向、团结协作的能力。

游戏益处：这款游戏将校园关键性建筑物作为线索，引导学生熟悉校园环境；设置不同的寻宝路线，培养学生辨别方向的能力；采取小组合作的模式，鼓励学生积极分享交流，培养团队协作能力。游戏简单易操作，学生在校园穿行的过程中，还能强身健体。

游戏对象：一、二年级学生。

游戏准备：

1. 提前组织学生熟悉校园，识别关键性建筑物。

2. 材料准备：寻宝图6张（编号1～6）、宝物盒（编号1～6）。

3. 事先藏好对应编号宝物盒（寻宝图1→宝物盒1）。

4. 制定游戏规则和确定时间限制（每轮游戏时间10分钟）。

游戏步骤：

1. 游戏开始前，按照班级人数划分成4～6个小组（尽可能人数平均）。

2. 每组学生们需要选出一名组长，负责协调和组织寻宝活动。

3. 组长领取对应组号的寻宝图（例如：第一小组领取1号寻宝图），明确地图上标★的位置，规划路线。

4. 从出发点开始，以小组为单位，集体"寻宝"，找到属于自己小组的宝物盒。

5. 回到出发点，用"东、南、西、北"描述方位，用大概的步数表示距离，描述寻宝路线。

6. 用时最短的小组为冠军，发放奖品。

注意事项：

1. 校内寻宝要注意安全，切勿追赶打闹。

2. 每小组只寻找本小组的宝物，不乱动其他小组的宝物。

3. 需按照寻宝图提示的路线寻找对应宝物盒，否则无效。

4. 藏宝点以出发点为圆点，呈伞状分布，各藏宝点与出发点的距离尽可能差不多。

游戏示例（见图1至图4）：

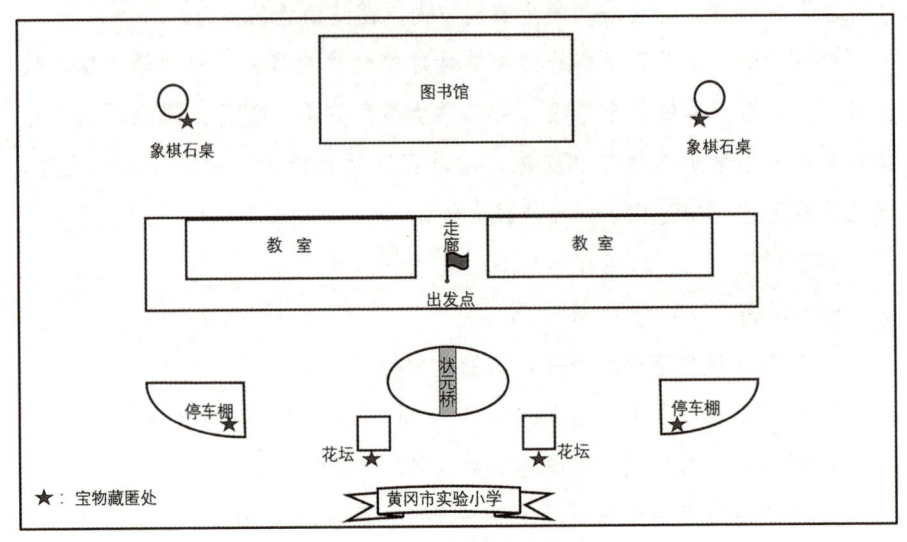

图1 寻宝图

图2 宝物盒

学科融合类

图3 分组

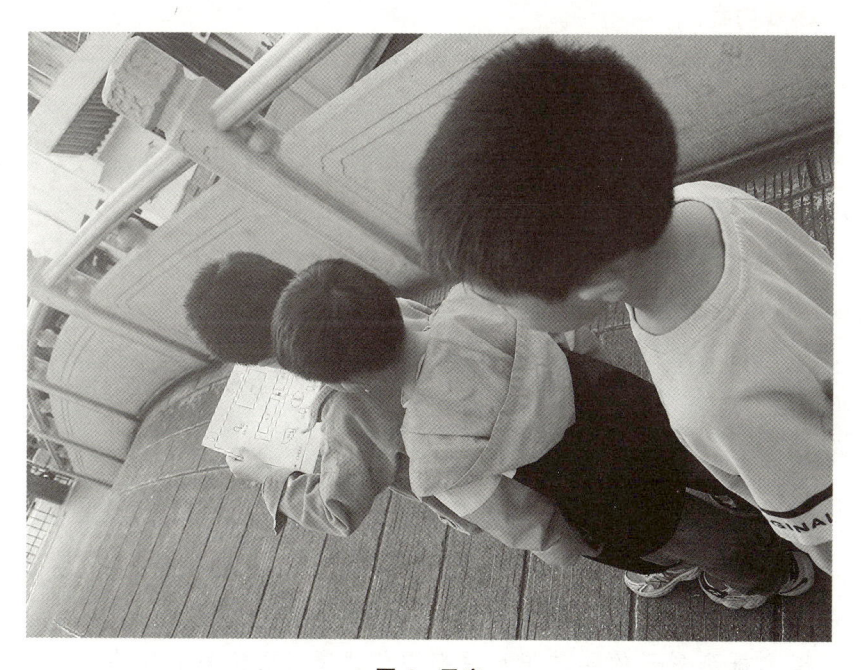

图4 寻宝

201

踩影子游戏

熊 梅

游戏背景： 影子在生活中是非常常见的一种现象，但是很多同学并不清楚影子到底是如何形成的，因此可以让学生通过游戏的方式来感知影子的形成条件，激发学生对科学的探究兴趣。

游戏益处： 通过玩游戏，在游戏的过程中探寻影子的形成规律，通过闪躲、奔跑还能提高小学生的反应能力和身体协调性。

游戏对象： 3～6年级学生。

游戏准备：

地点：操场 天气：晴天 踩影子者标识——红领巾

游戏内容：

一、双人踩影子游戏

游戏规则：

1. 让学生自行组队，2人为一组。其中一人为踩影子者，一人为被踩影子者。

2. 进入指定圆圈内，根据老师发出的指令（踩身体、踩四肢、踩头部……）去踩对方身体影子的相应部位。

3. 奔跑过程中压线者淘汰，被踩到影子的同学淘汰，获胜者晋级下一回合。

二、集体踩影子游戏

游戏规则：

1. 6～8人为一组，各组挑选一人负责踩影子。

2. 其他人进入指定长方形圈内，躲避踩影子的同学。

3. 被踩到影子的同学淘汰后在圈外休息，坚持到最后的一人为获胜者。

注意事项：

1. 眼睛不要直视阳光，避免眼睛受伤。
2. 奔跑过程中要注意安全。

寻找保护色

杜贝黎

游戏背景： 课间十分钟对学生而言十分重要。利用好课间十分钟充分地玩耍，文明科学地休息，是非常有意义的。让课间十分钟成为学生高效学习加油站，是设计此课间游戏的初衷。

游戏益处： "寻找保护色"游戏的活动场地设置在户外，在充满趣味性的科学小游戏活动中调动各种感官，可使学生身心得到放松。

游戏对象： 3～6年级学生。

游戏目的：

1. 能用简单的测量工具对物体进行定量观察，采集数据，并做简单记录。
2. 通过游戏活动探究保护色对动物的作用。

游戏准备： 各小组准备红、黄、草绿三色的条形塑料片各10片，秒表一块。

游戏步骤：

1. 学生进行分组，每个小组的人数要一致。
2. 把红、黄、草绿三色的条形塑料片（各10片）随意撒在花坛边的草丛里，每次让一个同学用10秒钟时间去捡。把每个同学捡回的片数记录下来。
3. 根据每个小组捡回的塑料片进行积分，其中，红色积1分，黄色积1分，草绿色积3分。记下这一轮的小组得分。

4. 本轮结束后，各小组进行汇报，同学们会发现草丛里草绿色的条形塑料片最难收集，因为它的颜色与环境色极为接近，不易被发现，这就是我们要寻找的保护色。答对小组再积 1 分。

5. 教师提问，自然界中哪些动物具有保护色，小组进行抢答，答对一种积 1 分，记下这一轮的总得分。最后总得分最高的小组获胜。

注意事项：

1. 捡塑料片时注意爱护花坛的植物，不要踩踏草坪。
2. 游戏结束后每个小组将剩余未捡回的塑料片一一捡回。

激光打靶

陈 杰

游戏目的： 此游戏的设计目的是在学习了光的反射原理后，让学生通过激光笔和镜子等简单易得的材料来体验光的反射规律。

游戏益处： 通过玩游戏，学生能够知道光在空气中是沿直线传播的，并且光遇到平面镜会发生反射，而且反射光也是沿直线传播的。此游戏可使学生在轻松愉悦的氛围中学到知识，体会到科学世界的奥秘，寓教于乐，激发学生热爱科学的精神。

游戏对象： 5~6 年级学生。

游戏准备：

1. 给学生分组（5 人一组）并编号，选出组长。
2. 材料准备：激光笔、3 块平面镜、目标靶面。

游戏步骤：

1. 一位同学拿着目标靶面，三位同学各自拿着一面镜子调整站位和角度，第五位同学手握激光笔。
2. 打开激光笔，让光束照射到平面镜上进行反射。

3. 照射过程中调整三位同学手上平面镜的角度和位置，最终做到让光束反射到目标靶位上，实现激光的反射打靶。

4. 成功打到靶位后，轮流换人，直到一组的 5 人全部完成打靶，看哪位同学打到的位置最接近靶的正中心。

注意事项：

1. 激光笔不可对着人眼照射。

2. 手拿平面镜时要注意防止割伤，尽量拿稳，防止摔坏。

课间游戏　精彩十分

张　猛

游戏背景： 力无处不在，小学科学课本中关于力的内容比较多，有推力、拉力、弹力、摩擦力、重力、浮力等，力有大小、方向、作用点三要素，不同的力作用后的效果不一样。这些抽象概念的学习，对于小学生来说有难度。此游戏旨在通过各种活动，让学生感受各种力的作用。

游戏益处：

通过小游戏活动，感知用力的大小、方向，以及物体受力后的变化，有助于学生学习有关力的课程，同时还能增进学生之间的友谊，培养团队协作、相互关心的精神，收获科学游戏带来的乐趣。

NO.1 推力游戏

游戏对象： 二、三年级学生。

游戏目的： 通过活动体验推力的方向、大小及效果。

游戏规则： 一对一比赛，3 局 2 胜。

游戏方法：

方法一：两人面对面，两脚左右开立，足尖与对方足尖相触，两臂在胸前弯曲，手心向前与对方手掌互贴，裁判发令后，两人同时开始用力互推，迫使对方脚步移动为胜。

方法二：两人面对面，两脚左右开立，相距一步左右，抬起两臂，手心向前与对方手掌互贴，裁判发令后，两人同时开始用力互推，迫使对方脚步移动为胜，在互推中可采用假动作。

注意事项：用力不能过猛，避免受伤。

NO.2 拉力游戏

游戏对象：二、三年级学生。

游戏目的：通过活动体验拉力的方向、大小及效果。

游戏规则：一对一比赛，3局2胜。

游戏方法：

两人一组，并排反向两脚分开站立，相邻的脚抵在一起，相邻的手紧握在一起，慢慢相互拉直臂，裁判发令后，两人同时开始用力向后拉，迫使对方后脚移动或离地为胜。

注意事项：用力不能过猛，避免受伤。

NO.3 跷板打靶游戏

游戏对象：3~5年级学生。

游戏目的：通过活动体验用力的技巧。

游戏准备：尺子一把、大橡皮一块、毽子（或瓶盖、小沙包）一个、A4环靶纸一张。

游戏规则：

在桌上用大橡皮和尺子搭成一个小跷跷板，一端放毽子（或瓶盖、小沙包），另一端翘起。游戏者用手去拍翘起的一端，拍打力量不同，毽子（或瓶盖、小沙包）抛出的距离不一样。设置一个位置摆放环靶，根据毽子落下的靶环位置得分，积分多者为胜。

注意事项： 注意控制拍打力度。

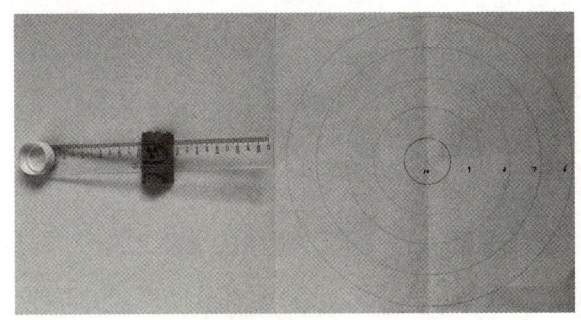

科技游戏一组

喻 虹

游戏背景： 课间十分钟是帮助孩子释放压力，缓解上课疲劳的重要时间段。为了在这十分钟之内帮助学生走出课堂的紧张感，进入一个相对松弛的状态，我们设计了这款游戏。

游戏设计原则：

安全性。游戏设计的首要原则是确保安全，学生不能因为玩游戏受到伤害。

趣味性。有趣味的游戏才能受到学生的青睐，如果设计的游戏学生不感兴趣，不喜欢玩，那么这个游戏设计是失败的。

科学性。科学课中的许多课堂活动可以与课间游戏相结合，以科学中的分类思想作为主要指导思想进行游戏设计。

可操作性。课间只有十分钟，所以游戏规则必须简单明了且易操作。

游戏一 整理行李箱，去旅行！

游戏介绍： 不同的季节和不同的天气情况下，我们出门时需要带不同的行李。

游戏对象： 二、三年级学生。

游戏准备：天气图片、生活用品图片、玩具行李箱。

游戏规则：先随机抽取一张天气图片，然后根据天气整理出出行所需要的生活用品放入行李箱中。在规定时间内将必备的物品都整理出来且用时最短者获胜。

游戏二　动物消消乐

游戏介绍：动物世界里，动物们虽形态各异，但同类动物又有其共同点，如脊椎动物分为爬行动物、鸟类、鱼类等。在此游戏中，同类动物可消除。

适用范围：五、六年级学生。

游戏准备：动物卡片若干。

游戏规则：每次随机抽取8张卡片，摆成两排，每排4张，将这8张卡片中属于同一类型的动物消除掉，消除掉几张就补充几张，然后继续将同类动物消除，最后在规定时间内消除动物最多并且都归类正确者获胜。

游戏三　找器材，做实验！

游戏介绍：科学课里有同学们最喜爱的实验课，不同的实验我们要用到不同的实验器材，如酒精灯、量筒、玻璃棒、皮尺、天平等。

游戏对象：3～6年级学生。

游戏准备：任务卡片、实验器材卡片。

任务一：量取50毫升的水

任务二：将灯泡、电池、开关连接起来

任务三：比较两个气球哪个重

....

游戏规则：先抽取一张任务卡片，根据任务卡片上的实验任务找出所需的实验器材。在规定时间内找出最多器材且都正确者获胜。

键盘拼拼乐

肖 勤

游戏背景： 键盘作为计算机输入设备的重要组成部分，用于输入字母、数字、符号和命令等信息。学生通过按下键盘上的按键来输入相应的字符。

游戏益处： 学生通过使用键盘可以学习和掌握文字输入、搜索和信息处理等技能，这些技能在现代社会中至关重要。这款游戏可以帮助学生更快适应键盘的各个按键以及熟悉每个按键的位置，并通过键盘快速地获取和整理信息，掌握电脑键盘的应用技能。

游戏对象： 3~6年级学生。

游戏准备： 两个键盘模型。

游戏过程：

游戏环节一 拼装键盘

学生首先对键盘的各个按键所在位置以及各按键的输入方式进行熟悉，学会多按键的组合操作。然后，根据记忆对键盘模型缺少按键的部分进行拼装，拼装完成后与正确的键盘模型进行对比修正。最后，学生指一指并说一说常用的键盘按键，比如空格键、回车键、字母键等。

游戏环节二 输入文字

将键盘连接在电脑上，使其正常运作。学生在电脑桌面上打开Word文档，对照语文课本，通过电脑键盘运用合适的输入法将课本里的文章输入到Word文档中。

传播信息小游戏

江 净

游戏背景： 从古至今，人类信息传播的方式经历了漫长的演化。传播方式从"烽火狼烟""飞鸽传书"到报纸、电报、电话，再到现在的网络，手段越来越多，传播的速度也越来越快。

游戏益处： 这款游戏通过模拟信息的传播，让学生了解各种信息传播的方式，培养逻辑思维和团队协作能力。

游戏对象： 3~6年级学生。

游戏准备：

我们可以对一些汉字进行简单的数字编码，用编码来传递信息。填好"文字与编码的对应约定表"（如表1），确定表中文字与对应的编码。

表1 文字与编码的对应约定表

编码	1234	1243	1324	1342	1423	1432	2134	2143
对应的文字	我	你	他	要	前	后	是	不
编码	2314	2341	2413	2431	3124	3142	3214	3241
对应的文字	人	下	上	雨	午	学	的	玩
编码	3412	3421	4123	4132	4231	4213	4321	4312
对应的文字	去	有	数	爱	学	信	习	息

游戏一 手势与对应数字的约定

利用"可视信息"来玩"传播信息小游戏"。

一位同学（发送信息者）来比手势，另一位同学（接收信息者）来写发送的内容。

游戏二　声音与对应数字的约定

利用"声音信息"来玩"传播信息小游戏"。

发送信息者把发送的内容写在纸上，如

下	午	有	雨
2341	3124	3421	2431

用手势将信息发送出去。

接收信息者把"手势"一组一组地画在纸上，然后"翻译"成文字。

选择一种能够发声的器具（口哨、鼓、唢呐、琴等），约定长短声所对应的数字。比如口哨声，"短吹一下"代表数字1、"短吹两下"代表数字2……

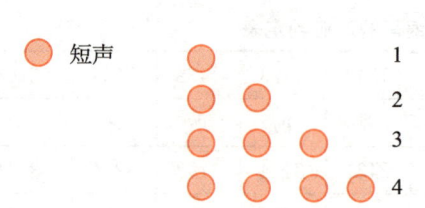

● 短声　　　　　　　1
　　　●●　　　　　　2
　　●●●　　　　　　3
　●●●●　　　　　　4

一位同学（发送信息者）按照声音约定吹口哨，另一位同学（接收信息者）听声音，写下数字，再"翻译"成信息。

●—●●—●●●—●●●●　　1234——我
●●●●—●—●●●—●●　　4132——爱
●●●●—●●—●●●—●　　4231——学
●●●●—●●●—●●—●　　4321——习

我	爱	学	习
1234	4132	4231	4321

212

你画我猜

裴杜宇

游戏对象：3~6年级学生。

游戏准备：机房或者有一体机的教室。

游戏过程：

1. 把学生分为多组，每组有5名参赛者，选出一人作为猜词的幸运者。

2. 游戏开始，每组的第一位选手看屏幕上显示的内容，其他人不可以偷看。

3. 第一位选手看完有25秒的时间画出屏幕上的内容，作画时，第二位选手在一旁观看，画的人不可以说话，否则整组算输。第二位选手看过之后擦掉画板上的内容，重新作画，时间仍为25秒，此时，第三位选手在一旁观看，看过后擦掉重新作画。以此类推。

4. 最后一名选手根据前一名选手的绘画猜出屏幕上的内容，用时最短的组获胜。

电脑机箱大探秘

邓 晶

游戏对象：3~6年级学生。

游戏准备：旧的电脑机箱。

游戏过程：

1. 第一关：电脑机箱我最熟，知识问答。

通过个人积累、信息技术课程学习、同学间讨论，认识电脑机箱各部分零件，老师不定期在机箱里藏匿问题线索，每月一汇总。回答得最多的团体或班级，进入下一关。

2. 第二关：电脑机箱我会装，组装实践。

这个环节通过接力的方式完成，第一批进入此关者，由老师带领组装，成为组装小达人后，持证（组装小达人）上岗，可对后续通关（第一关）的学生进行指导培训。培训一定数量同学的组装小达人可进入下一关。

3. 第三关：电脑机箱我会用，通电应用。

将机箱结合其他输入输出设备，组装成可以用的电脑，并能进行问题排查，组装小达人升级为电脑小达人。在日常信息技术课程教学过程中，可以邀请本班的电脑小达人担任小组长、小老师，帮助课程学习存在困难的学生顺利完成学习任务。

气象预报

廖志芳

游戏背景： 学生对世界充满了好奇与了解的渴望，课间，学生自由放松并乐于参与各种游戏，才能发挥玩耍的作用与价值。

游戏益处：

1. 培养注意力，提高反应能力。
2. 充分发挥学生的潜能，让学生们学会互相欣赏。

游戏准备： 乒乓球。

游戏规则：

选一人当预报员，其他游戏者面对着他，相距3米远，站成一排。游戏开始，当预报员发出各种气象预报时，全体游戏者要做出勇敢的反应，如：

"刮大风！"——"不怕！"

"下大雨！"——"不怕！"

"有大雾！"——"不怕！"

"下大雪！"——"不怕！"

唯独听到"下冰雹！"时，必须赶快转身抱头蹲下，要是动作迟缓被预报员用乒乓球击中了就算失误，失误者和预报员互换角色。接着重新开始游戏，谁失误三次，就要表演一个节目。

翻花绳

胡春红

游戏背景： 翻花绳是中国民间流传的儿童游戏，用一根绳子结成圆套，手指通过挑、勾、翻、钻、撑等动作，将花绳编成各种花样。这个游戏可以单人玩，也可以两人玩。一人玩时，左右手互相配合，把绳套拉成某种物体的形状；两人玩时，一人用手指编成一个花样，另一人用手指接过来，翻成另一个花样，两人相互交替编翻，直到一方不能再编翻下去为止。这个游戏不限场地，器材简单，方便易行。

游戏益处： 这个游戏通过翻编活动，可以充分锻炼学生手指的灵活性，以及双手、手眼的协调能力；通过翻编新花样，鼓励学生大胆想象，培养学生的空间想象能力；通过学生之间的互相交流，培养他们的合作能力，营造良好的氛围。

游戏对象： 中低年级学生。

游戏准备： 花绳一根，也可以用棉线或毛线等代替。

游戏步骤：

1. 单人游戏：将花绳套在一只手上撑起来，另一只手的手指通过挑、勾、翻、钻等动作，把花绳编成一个物体的形状，如降落伞等。每编一个积1分，创编一个新的花样积3分。

2. 双人游戏：一人将花绳套在双手上，双手手指通过挑、勾、翻、钻等动作把花绳编成一个花样撑起来，另一个人用手指接过去，翻成另一个花样撑起来，轮流下去，直到不能翻下去为止。每轮两人各积1分，胜者加2分。

积分高者获胜。

花绳谣

花绳新，变方巾，方巾碎，变线坠，线坠乱，变切面，面条少，变鸡爪，鸡爪老想刨，变个老牛槽，老牛来吃草，它说花绳翻得好！

趣闻

很多地方的人都喜爱翻绳游戏，可是以渔猎为生的因纽特人不准小孩子玩翻绳的游戏，他们担心渔网会像绳子一样缠绕在一起。另外，中国民间也有翻绳会下雨的说法。

肺活量大比拼

胡 好

游戏背景： 肺活量是指在尽最大努力吸气后，再尽最大努力呼气所能呼出的气体量，它是反映人体生长发育水平的重要机能指标之一。在小学科学课程中，要求学生关注呼吸与生命健康的关系，课间活动时间进行多样的呼吸练习，可以在短期内提升学生的肺活量。当然，提高身体机能的锻炼方法有很多，应多管齐下，引导学生积极参与体育锻炼，从根本上提升心肺功能。

游戏益处：

1. 提升学生的肺活量，提高学生的合作能力。
2. 提升学生最大吸氧量，提高学生"缓吸缓呼"的能力。

游戏对象： 中高年级学生。

游戏步骤：

1. 游戏一：合作吹轻物。

4人一组。游戏开始后，小组合作，控制调整气息吹气，不让空中的轻物落地，在规定时间内，轻物不落地的小组获胜。注意吹气时不能让身体触碰到轻物。

2. 游戏二：一气呵成。

4人一组。每人准备1张纸巾，双手将纸巾平整地按压在黑板上。小裁判下达"准备"口令时，游戏者立即采用"缓吸缓呼"的方法，控制气息，连贯、均匀、平稳地呼气，以获得充足、稳定的气息让纸巾定在黑板上。比一比谁的纸巾定住的时间最长。

渔网捕鱼

杨　阳

游戏背景： 音乐游戏是通过游戏的形式，强化对音乐的体验、感受。它从音乐本身入手，让学习者在聆听音乐的同时，引导他们去接触音乐的各种要素。在活泼、轻松、愉快的课间活动中，设计音乐游戏可让学生们去感受音乐的节奏、旋律，从而感受音乐的魅力，让学生在"玩"的过程中发挥想象力和创造力。

游戏益处：

1. 在愉悦的游戏中感受音乐、学习音乐，培养对音乐的兴趣。
2. 让学生体会音乐的节奏快慢，把握音乐节拍。

游戏对象： 三、四年级学生。

游戏准备： 奥尔夫音乐《开始和停止》。

游戏步骤：

1. 几个小朋友手拉手搭成一个拱形圆圈渔网，其他同学扮成小鱼。

2. 播放音乐，"小鱼们"钻渔网欢快地游。

3. 音乐节奏慢，学生游得慢，音乐节奏快，学生游得快。

4. 音乐停，渔网收网，被捕到的"小鱼"就要与搭网的同学互换角色。

打弹珠游戏

王旭光

游戏介绍：打弹珠，又称"打玻璃珠""弹玻璃球""弹球儿""打弹子""弹溜溜"。玩的人各出数枚玻璃珠，输者将丧失对玻璃珠的所有权。

打弹珠的游戏对孩子学习物理很有帮助，长大后学到抛物线、动能和地球引力等知识时，都可以使他们联想到玩弹珠时的愉快情景。打弹珠的博弈性质非常显著，玩的人各出数枚玻璃珠，输者将丧失对玻璃球的所有权，赢者将获得玻璃珠。这显然有别于其他"精神奖励"的游戏。如果不想输，那就要练习让弹珠射得远、射得有力的技术。

场地要求：弹珠大赛的场地通常都会选择在泥地上，而且泥地最好还要高低起伏，这样能增加游戏的难度。

基本姿势：将食指和中指弯曲，中指朝里，食指向外，然后用食指、中指第一节指弯和拇指第一指节夹住弹珠，然后用拇指第一指节用力向外弹，弹珠就会直射而出了。

玩法介绍：

玩法一：

1. 在地上画一个圆圈，参加者每人出几粒弹珠放到圈内。另外，每个人还各自拿出一个容易分辨的弹珠当作"母弹"。

2. 在距离圆圈三米左右的地方画一条与圆圈连线大体上垂直的直线，大家蹲在圆圈处把"母弹"往线的方向弹出，按弹珠与线之间距离的远近决定每人打弹珠的顺序，愈靠近线但又不超过线者顺序靠前。

3. 站在直线后方，将自己的母弹向圆圈中的弹珠弹去。如果没有将圈中的弹珠打出圈外，就换下一个人玩，而且自己的母弹留在地上，不能拿走，下次轮到自己时，再从自己的母弹停留的位置继续打。

4. 如果击中别人的母弹或将圆圈中的弹珠击出圈外，被击中或击出弹珠就属于击中者所有；但是自己的母弹千万不能停在圆圈中，否则不仅将丧失继续打的资格，而且还要将之前所获得的弹珠全部吐出来，不过有权利把圆圈内的弹珠重新排列位置。

5. 只有曾经击出圆圈内弹珠的人才有资格攻击别人的母弹，如果击中别人的母弹，不仅可以吃下对方母弹，而且还可以赢得对方在这一局里获得的所有弹珠。如果还未曾击出圆圈中弹珠的人击中了他人母弹，那么，击中者必须把自己曾经获得的弹珠全部放回圆圈中，但仍然可以继续参加游戏。

玩法二：儿童版简易"高尔夫"

1. 地上挖五个相隔不同距离的洞，一个较大（约五厘米），作为死洞，另外四个较小（约1.5厘米），约定为1洞、2洞、3洞、4洞。由起点开始将弹珠依照约定顺序弹入小洞中。

2. 玩的过程中，不能将弹珠弹入死洞之中，否则就必须回到起点从头开始。如果发现有别人的弹珠已经快要接近洞口的时候，可以用自己的弹珠把它弹走。

3. 将弹珠依序弹进小洞后，再弹回起点，最先到达的就是胜利者，可以赢得其他人的弹珠。

图书在版编目（CIP）数据

在游戏中成长：思维发展与创新活动/陈平主编
. --北京：中国人民大学出版社，2024.4
（未来学校丛书）
ISBN 978-7-300-32765-5

Ⅰ.①在… Ⅱ.①陈… Ⅲ.①活动课程－课程设计－小学 Ⅳ.①G632.3

中国国家版本馆 CIP 数据核字（2024）第 081195 号

未来学校丛书
在游戏中成长——思维发展与创新活动
陈　平　主编
Zai Youxi Zhong Chengzhang——Siwei Fazhan yu Chuangxin Huodong

出版发行	中国人民大学出版社		
社　　址	北京中关村大街31号	邮政编码	100080
电　　话	010-62511242（总编室）	010-62511770（质管部）	
	010-82501766（邮购部）	010-62514148（门市部）	
	010-62515195（发行公司）	010-62515275（盗版举报）	
网　　址	http://www.crup.com.cn		
经　　销	新华书店		
印　　刷	天津中印联印务有限公司		
开　　本	720 mm×1000 mm　1/16	版　次	2024年4月第1版
印　　张	14.75	印　次	2024年4月第1次印刷
字　　数	215 000	定　价	68.00元

版权所有　侵权必究　　印装差错　负责调换